U0401671

· 商业画布 ·

Operating Model Canvas

运营模式画布
从商业模式到运营落地

［英］安德鲁·坎贝尔（Andrew Campbell）
［西］迈克尔·古铁雷斯（Mikel Gutierrez） 著
［英］马克·兰斯洛特（Mark Lancelott）

徐汉群 赵越 孙振鹏 译

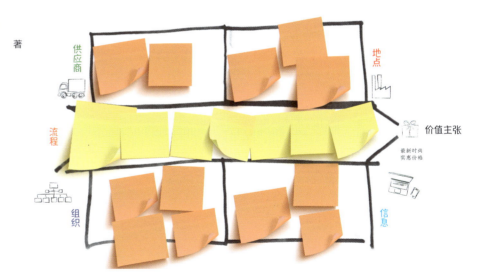

机械工业出版社
CHINA MACHINE PRESS

Andrew Campbell, Mikel Gutierrez, Mark Lancelott. Operating Model Canvas: Aligning Operations and Organization with Strategy.

Copyright © 2017 by Van Haren Publishing.

Simplified Chinese Translation Copyright © 2024 by China Machine Press. This edition is authorized for sale in the Chinese mainland (excluding Hong Kong SAR, Macao SAR and Taiwan).

No part of this book may be reproduced or transmitted in any form or by any means, electronic or mechanical, including photocopying, recording or any information storage and retrieval system, without permission, in writing, from the publisher.

All rights reserved.

本书中文简体字版由 Van Haren Publishing 授权机械工业出版社在中国大陆地区（不包括香港、澳门特别行政区及台湾地区）独家出版发行。未经出版者书面许可，不得以任何方式抄袭、复制或节录本书中的任何部分。

北京市版权局著作权合同登记　图字：01-2023-1488 号。

图书在版编目（CIP）数据

运营模式画布：从商业模式到运营落地 /（英）安德鲁·坎贝尔（Andrew Campbell），（西）迈克尔·古铁雷斯（Mikel Gutierrez），（英）马克·兰斯洛特（Mark Lancelott）著；徐汉群，赵越，孙振鹏译. -- 北京：机械工业出版社，2024.8. --（商业画布）.

ISBN 978-7-111-76043-6

Ⅰ. F71

中国国家版本馆 CIP 数据核字第 20247W5G11 号

机械工业出版社（北京市百万庄大街 22 号　邮政编码 100037）

策划编辑：白　婕　　　　责任编辑：白　婕　王　芹

责任校对：张勤思　牟丽英　责任印制：常天培

北京宝隆世纪印刷有限公司印刷

2024 年 8 月第 1 版第 1 次印刷

240mm×186mm・14 印张・1 插页・380 千字

标准书号：ISBN 978-7-111-76043-6

定价：109.00 元

电话服务　　　　　网络服务

客服电话：010-88361066　机　工　官　网：www.cmpbook.com

　　　　　010-88379833　机　工　官　博：weibo.com/cmp1952

　　　　　010-68326294　金　书　网：www.golden-book.com

封底无防伪标均为盗版　机工教育服务网：www.cmpedu.com

推荐序

奈杰尔·斯莱克（Nigel Slack），华威大学运营管理与战略学荣休教授，畅销教科书《运营战略》和《运营管理》的作者

任何负责使战略产生实际影响的人都会遇到一个持久的困境。"你如何在仰望星空的同时还能脚踏实地？""你如何将企业希望达成的宏大愿景转化为切实可行的计划和行动？"这就是运营模式这一概念的用武之地。这是一个在战略领域中越来越受到重视的概念，而且有其充分的理由。运营模式有可能为任何类型的组织提供一个架构层面的设计，既定义组织的架构和风格，又使组织能够实现其商业目标。如果做得好，运营模式应该对组织在业务和技术领域的工作提供一个清晰的、"全局性"的描述。它应该提供一种方法，从关键关系的角度来审视企业，特别是审视那些企业完成其使命所必需的关系，即企业中职能、流程和结构之间的关系。它应该与组织的商业模式相匹配，以帮助组织将战略转化为一个在实践中完成所需任务的工作模式。一个好的运营模式是在组织中推动有效变革的前提。

这是一本重要的书，原因有二。首先，它提供了一个世界一流的指南，说明如何整合出一个有效的运营模式。安德鲁·坎贝尔和他的合著者借鉴了"商业模式画布"这一成熟的理念，创建了运营模式画布，将企业考虑的运营要素数量从三个（关键业务、核心资源、重要合作）扩展到六个（流程、组织、地点、信息、供应商和管理系统）。当然，还有许多其他定义和展示运营模式的方式。每个顾问都有自己的"模型"。但据我所知，《运营模式画布》是第一本尝试记录和分享这一概念、一套完整的工具以及实用案例的书。其次，本书图文并茂，步骤简单易实施，并有大量来自各类企业的引人入胜的、富有见地的案例。我向所有参与将战略转化为运营设计和方案的人推荐本书。

理查德·科克（Richard Koch），畅销书《极简法则》和《高效管理的80/20法则》的作者

多年来，我一直欣然关注着安德鲁·坎贝尔的工作。每当他接手一个课题，他都会贡献出宝贵的新见解。这本书也不例外。

安德鲁和他的合著者从一家公司的价值主张——它从客户的独特优势出发，然后运用"运营模式画布"这一简单实用的方法，来研究如何以最佳方式传递价值主张。

我认为这种方法有三个巨大的优势。第一，它实际上找到了最佳的持续传递价值主张的可行方式。

第二，它可以帮助不同领域的管理者对齐一致，从而使整个组织和其供应商都为同一件事情而努力。

第三，它为管理者提供了一座从战略到一系列转型项目的桥梁，所有这些项目都指向同一个方向——前进！经常发生的情况是，管理者们因极力推动他们自己钟爱的项目，而导致公司和客户承受巨大的价值损失。而有了这个方法，这种情况就不会发生。

我还喜欢这本书有些杂乱的外观和它给我的感觉。书中的这些图表都是管理者们自己手绘的，到处都是便利贴，看起来虽不那么整齐，但是妙趣横生。你可以看出，参与者一定乐在其中——相信你也可以。

赞誉

**帕特里克·范德皮尔
(Patrick van der Pijl)**

商业模式公司CEO，《商业模式设计新生代》的作者

业务设计是一项艰巨的任务。像《运营模式画布》这样的书可以帮助我们突破这一复杂性。它可以超越商业模式画布和价值主张，帮助你深入一步。本书可以被看作诸如《商业模式新生代》《价值主张设计》《商业模式设计新生代》等一系列图书的一部分，因为我们需要围绕"如何做"展开对话。上述图书都是有关商业的全景，都易于阅读，都包含丰富的工具和案例，也都应该放在你的书架上或你的桌边。

**伊夫·皮尼厄
(Yves Pigneur)**

《商业模式新生代》和《价值主张设计》的合著者

安德鲁·坎贝尔和合著者专注于商业模式画布的左边，创建了运营模式画布。他们的画布囊括了诸如地点、组织、信息和管理系统等元素。这本书包含插图和工作实例，并有漂亮的外观设计。仔细阅读本书，我们会为作者提出的思想、实用技术和案例研究所深深吸引。

**托马斯·H.达文波特
(Thomas H. Davenport)**

巴布森学院特聘教授，《大数据竞争力》和《人机共生：智能时代人类胜出的5大策略》的作者

如果你喜欢奥斯特瓦德等人所著的《商业模式画布》和《价值主张设计》，那么你也会想花时间阅读本书。这三本书都言语轻松、引人入胜，并且是与实践者共同创作的。《运营模式画布》接续了前几本书的内容，将对关键业务、核心资源和重要合作的思考提升到新的高度。这对商业模式的成功至关重要。

**威廉·尤里奇
(William Ulrich)**

业务架构协会会长

运营模式被写成书已经有很多年了。通过在画布上进一步框定运营模式的概念，《运营模式画布》一书将这一讨论向前推动了一大步。与大多数工具一样，读者在继续精简和改进业务的过程中，应该考虑画布和相关概念。

约翰·韦伯（John Webb），玛氏公司副总裁兼玛氏运营模式项目负责人

我刚刚领导了玛氏公司全球运营模式回顾与再设计项目。安德鲁·坎贝尔在这方面给了我很大的帮助，我通过应用本书中的一些工具和流程学到了很多。可以说，从那时起，我对运营模式的思考得到了进一步的发展。在我与公司执行委员会一起完成有关运营模式范围的讨论和关键事项分析时，这本书助益良多。

下次做类似的工作时，我肯定会使用本书提供的方法。它简化了那些复杂的和让人望而生畏的任务，帮助你将工作放在正确的背景下，并提供了相应的工具确保工作严谨和聚焦。

如果要做一个运营模式项目，这本书正是你所需要的。

乔·斯帕达福（Joe Spadaford），Computershare公司首席运营战略官

我曾领导过许多支持整体业务战略的变革和转型项目。这些项目在设计和执行上总是相当困难。运营模式画布为这项工作提供了有用且务实的帮助。本书充满了工具和例子，以及简化复杂性的有效方法。它提供了一个全面思考变革要素的框架，使你有机会创建一个更有可能成功的实施计划。

弗里克·杜彭（Freek Duppen），乐高集团运营模式开发高级经理

很多人都会发现这本书中的见解非常有价值。无论你是新手还是经验丰富的实践者，这本书都能为你的运营模式之旅提供很多帮助：一个思考运营模式的清晰框架、一揽子工具以及从ZARA到喀嚓鱼（Snapfish），从职能部门到公共部门的大量实例。关于运营模式，不是没有其他方法，但我强烈推荐这本书中的方法。本书易于阅读、切合实际，并涉及运营模式所有重要的方面。

格雷厄姆·爱德华兹（Graham Edwards）博士，AECI公司前CEO

我们AECI公司从商业模式画布中得到了很多好处。经理们必须就每项业务或每个拟议的新收购项目向执行委员会提交其画布，并接受相当严格的审查，以确保他们真正理解这些业务或项目的商业模式。如果那时我们有了运营模式画布，在执行委员会会议上就能对运营问题进行更为深入的了解。这本书是管理思想领域中的又一重要进展。

马克·斯莫利（Mark Smalley），ASL BiSL基金会大使

安德鲁·坎贝尔写了一本非常有用的书，它既可以单独使用，也可以与商业模式画布结合起来使用。我很荣幸能够为这本书做推荐，在阅读本书的过程中，我学到了很多。对大多数人来说，运营模式的定义既不明确，使用上也很宽泛，而这本书很好地用简单但有根有据的语言将其确定下来。这一指南不仅相当实用，而且有着引人入胜的呈现。我在为The Open Group的IT4IT论坛工作时，使用了其中的原则和结构来创建一套IT运营模式，我对结果感到满意。我毫不犹豫地推荐本书。

米歇尔·贝尔图斯（Michel Berthus），ABB集团副总裁兼质量管理负责人

《运营模式画布》既简单又强大。它提供了一个简单的框架（画布）和一些强大的工具（价值链地图、组织模型、供应商矩阵等）。我敢肯定，任何参与组织设计或运营模式工作的人，甚至是参与流程改进的人，都会从这本简单易读、引人入胜的书中获得很大的收获。

斯蒂芬·班盖（Stephen Bungay），《行动的艺术》的作者

我在战略执行方面的工作和教学有关组织如何按照战略意图运营。它的重点是"软件"——如何设定方向和调整人员，以便力出一孔。但是，每家公司都承诺以某种确定的方式行事，这反映在它们的"硬件"上，而公司也受其限制。《运作模式画布》解决的问题是，如何改变这些硬件并设计一个具有与战略相适应的运营能力的组织。我发现简洁的画布、第2章中丰富的例子以及第3章中介绍的高质量工具，都很实用和强大。作者创新而又引人入胜的方法将所涉及的艰苦工作变成了乐趣，并重新定义了一本讲授"如何做"的教科书应该是什么样子。它是《行动的艺术》一书的最佳伴侣。

杰伦·德·弗兰德（Jeroen De Flander），畅销书《战略执行英雄》和《执行的捷径》的作者

本书以一种实用而有趣的方式帮你为战略设计最佳的运营模式。强烈推荐!

冈特·穆勒-施特文斯（Gunter Müller-Stewens）教授，圣加仑大学经济研究所

战略往往不能落地。我们已经有了将战略转化为计分卡和关键绩效指标的方法，但帮助将战略转化为一套转型项目的工具却很少。本书填补了这一空白。安德鲁·坎贝尔和他的合著者对战略和运营都很了解，他们为商业模式画布创造了一个理想的搭档。这是一本简单而有趣的读物。它鼓励并支持读者在实际项目中应用这些理念和工具。

马克·兰克霍斯特（Marc Lankhorst），BiZZdesign公司管理顾问和首席技术传播者，企业架构建模ArchiMate®标准的开发者

我们BiZZdesign公司做了很多项目，涉及企业或组织的业务架构和运营活动的设计。亚历山大·奥斯特瓦德和伊夫·皮尼厄在其著名的《商业模式新生代》一书中已经非常成功地解决了商业模式的设计问题。但是，为了使商业模式发挥作用，你还需要一个运营模式，它能描述你的组织的各个要素如何共同实现其价值主张。安德鲁·坎贝尔、迈克尔·古铁雷斯和马克·兰斯洛特合著的这本书，扩展了商业模式画布背后的思想，为设计运营模式提供了一个实用的工具。本书将帮助任何参与业务设计、目标运营模式、业务架构和运营改进的人。

基里尔·杰列文斯基（Kirill Derevenski），索迪斯公司原战略业务架构师

我曾在大中型公司从事过一些将战略转化为运营成果的工作，我真希望当时我的身边就有一本《运营模式画布》。它全面、直截了当且清晰易懂。它是由了解战略的人写作的，他们知道如何将战略与运营联系起来以推动获得可衡量的结果。它所提供的工具和方法有效且易于应用，同时采用了高管人员易于理解的语言。这是一本让你的项目从一开始就获得成功的"必备书"，是《商业模式新生代》的一个充满细节要点、可落地实操的完美搭档。当你需要运营模式设计的具体指导时，它可以帮助你。

**格雷厄姆·多尔顿（Graham Dalton），
独立管理顾问**

我在普华永道和作为独立管理顾问工作期间，已经大量地使用了安德鲁开发的组织发展工具。这些工具对客户来说是有意义的，为项目提供了极其敏锐的洞察力和清晰度。这本新书使运营模式这个复杂的话题变得清晰。安德鲁的书非常直观、易于阅读，而精彩的客户案例则让这个话题生动起来。

这本书以及其中的运营模式工具箱对顾问和高管来说都极具价值，可以指导他们将组织和运营与战略目标结合起来。我曾是普华永道运营模式开发团队的一员，真希望当时就有这本书来帮助我。

艾米·凯茨（Amy Kates），凯茨凯斯勒组织咨询公司创始人、《设计你的组织》的作者（与杰伊·加尔布雷思合著）

作为组织设计师，我们帮助领导者对"组织模式"做出明智的决策。这项工作的先决条件是一个清晰的"运营模式"。运营模式阐明了业务框架以及组织各个组成部分之间的关系。一个清晰的运营模式使人们对组织形态的选择更加容易。

安德鲁·坎贝尔以设计师的眼光来解析创建运营模式的步骤。这本书充满了工具、例子和各种各样的案例研究。它对任何从事组织工作的人来说都是不可或缺的指南。

**娜奥米·斯坦福（Naomi Stanford），
组织设计实践者、作者、演讲者**

安德鲁·坎贝尔通常以其战略和组织工作而闻名，他将注意力集中在将战略转化为运营的任务上。他和合著者通过插图和例子，以一种非常清晰和有趣的方式对运营模式画布的六个要素——流程、组织、地点、信息、供应商和管理系统进行了诠释，从而减轻了运营模式开发和实施的痛苦。本书以一种引人入胜的方式展示了实际进展中的工作步骤，并给予了有用的提示、指导和资源，这是一个对运营工作的实质性的贡献。对任何组织设计者的工具箱来说，运营模式画布都是一个很好的补充。

本书的贡献者

重要贡献者（按姓氏首字母排序）：

Marcus Alexander，伦敦商学院
Stephen Baishya，咨询顾问
Martin Bartram，苏格兰皇家银行
Nicola Bateman，拉夫堡大学商业和经济学院
Marcia Blenko，贝恩公司
Stephen Bungay，阿什里奇战略管理中心
Christoph Burtscher，约德尔物流公司
Alan Crawley，Optima合伙公司
Kirill Derevenski，商业战略架构师
Joao Dolores，Sonae集团
Freek Duppen，乐高集团
David Favelle，ValueFlowIT公司
Chris Fox，StrategicLearningApp.com公司
Allan Gasson，独立顾问(德勤原员工)
Geoff Grace，安盛保险集团
Alex Graham，埃格蒙特集团
Ben Gray，吉尔德咨询公司
Ben Groom，凯捷咨询公司
Jonathan Hammond，Knadel公司
Steven Han 韩松林，中国
Amy Kates，凯茨凯斯勒组织咨询公司
Marc Lankhorst，BiZZdesign公司
Carl Lloyd，苏格兰皇家银行
Peter McClure，沃达丰公司
Dev Mookerjee，阿什里奇
Gillian Morris，捷豹路虎公司
Rupert Morrison，Concentra公司
Guenter Muller-Stewens，圣加仑大学
Peter Murchland，业务架构师
Mark Palmer，OEE咨询公司
Joseph Paris，卓越运营协会
Anish Patel，Patel Miller咨询公司
Anca Raines，PA咨询公司
Richard Rawling，诺斯集团
Howell Schroeder，施罗德-福布斯公司
Mark Smalley，IT & ASL BiSL基金会
Joseph Spadaford，Computershare公司
Jonathan Tidd，OEE咨询公司
Conrad Thompson，PA咨询公司
William Ulrich，业务架构协会
John Webb，玛氏公司
David Winders，讲师、业务架构师
Nicolay Worren，挪威生命科学大学

案例提供者：

作者
Marc Baker，英国资格与考试监督办公室
Andrew Freiman，英国就业和养老金部
Roberto Gil，Velatia集团
Alex Graham，埃格蒙特集团
Adam Laurie，DEV CON大会
Jamie Lopez，Faes Farma公司
Wendell Mitchell，嘉定保险集团
Howell Schroeder，施罗德-福布斯公司
Deborah Strazza，约翰-路易斯合伙公司
Alex Szekely，威尔逊-佩鲁马尔咨询公司
Ricardo de los Rios，IESE
David Winders，讲师、业务架构师

我们在阿什里奇高管教育商学院开设的"运营模式设计"课程,对我们来说是一次收获丰厚的学习经历。以下是一些参与课程的学员(大约三分之一,排名不分先后)。

Sebastian Pordomingo,阿克苏诺贝尔公司
Dean Genade,桑勒姆保险公司
Jonathan McDonnell,英国红十字会
Rob Adsley,信利保险集团
Wendell Mitchell,嘉定保险集团
Andrew Milbourne,剑桥英语
Collette Roche,曼彻斯特机场集团
Scott Schoenbrun,斯必克公司
Sardip Sandhu,沃尔格林博姿联合公司
Deborah Strazza,约翰-路易斯合伙公司
Ian Todd,投诉警方独立监察委员会
Phil Merrell,韦莱韬悦
Carol Madeley,Belron集团
Tammy Tawdros,阿什里奇
Else Marie-Brekke,挪威船级社
Louise Wade,卓越交付项目
Carlos Alpizar,奎斯塔莫拉斯集团
Hannah Crossley,埃格蒙特集团
Geoff Grace,安盛保险集团
Andrew Blundell,沃尔格林博姿联合公司
Martin Bartram,苏格兰皇家银行
Alhaidary Maher Monsour,资本市场管理局
Laura Worboyes,阿姆林投资公司

Jeremy Faint,英国国家医疗服务体系
Paul Hill,美瀚公司
Eric Smith,高美公司
Frances Hall,科尔巴咨询
Charlotte Eimer,英国广播公司监听部
Stephen Ogundere,顾问
Damian Pearson,安永公司
Abdulaziz Aladwani,ELM咨询公司
Alan Crawley,Optima合伙公司
Helen Own,Pasque咨询
Eric Thiam Sebates,帝国烟草公司
Janice Paterson,英国国家卫生研究院临床研究网络
Vikki Harmon,致同会计师事务所
Christian Harm,凯傲集团
Mike Fisher,马修克拉克公司
Hester Gudmunsen,特许公认会计师公会
Laura Lee Oliver,红苹果咨询
Karen Moore,悉尼大学
Paras Sood,SABMiller公司
Kate Bendon,K8B咨询有限公司
Adrian Twyning,英国燃气
Imm Law,英国皇家邮政
Fiona Evans,伦敦动物学会
Ben Groom,凯捷咨询公司
Michael Donaldson,标准人寿公司
Charlotte Wedd,曼彻斯特机场集团
Andy Aitkenhead,瑞士旅业集团

Yana Meltser Shaer,汇丰集团
Vanessa Ryan,英国皇家邮政
Steve Curry,英国国家医疗服务体系
Sandra De Sousa,MMI控股
Jan Luyten,帝斯曼公司
Sumit Mistry,Salesforce公司
Rachel Honey,约翰-路易斯合伙公司
Sam Airey,Weightmans律师事务所
Mike Lynn-Jones,罗威尔集团
Matthew McClelland,英国护士和助产士委员会
Andreas Kroepfli,瑞士联邦财政部
Nigel Paling,美瀚公司
John Hall,世伟洛克曼彻斯特分公司
Fred Creighton,环球免税公司
Jeeti Chauhan,壳牌
Sam Lewens,myBBC公司
Naresh Mongroo,嘉定共享服务公司
Devand Singh,剑桥英语
Maher AlHaidary,资本市场管理局
Chantal van der Ginste,德莱维咨询公司
Olutoyin Orefuwa,TransmissionFour咨询公司
Mohammed Omar Baqais,ELM咨询公司
Oliver Landgraf,顾问
Mary Kennedy,顾问
Kathleen Versland,德意志银行
Mark Bellamy,PA咨询公司

关于作者

安德鲁·坎贝尔
(Andrew Campbell)

他是阿什里奇（Ashridge）战略管理中心的主任，这是一个专注于组织战略管理的研究和教育中心。安德鲁在这里指导研究项目、执行管理项目，并为客户公司提供咨询。他是高级组织设计和运营模式设计的项目主管。安德鲁撰写了10本关于战略和组织能力的图书，包括《集团层面的组织设计》和《公司层面的战略》，并在《哈佛商业评论》和其他管理出版物上发表了大量文章。他在网站ashridgeonoperatingmodels.com以及推特@operatingmodels上发表博客。在加入阿什里奇之前，安德鲁是伦敦商学院商业战略中心的研究员。在此之前，他在洛杉矶和伦敦的麦肯锡公司工作了6年。

迈克尔·古铁雷斯
(Mikel Gutierrez)

他是歌美飒（Gamesa）公司的工业项目总监，该公司是世界上最大的风电场交钥匙工程的生产商。他负责全球所有歌美飒风电场的交付工作，包括从签订合同到园区通电的全过程。在此之前，他是Asebal的CEO，这是一家为公路和太阳能企业生产镀锌钢的公司。在他的执掌下，Asebal从一家濒临破产的西班牙本土公司成长为一家强大的跨国公司，产品行销到20多个国家。在此之前，他曾担任欧玛嘉宝（Ormazabal）德国公司的总经理和母公司欧玛嘉宝集团的业务流程改进总监，该公司是电力行业的设备生产商。他的职能角色包括销售、业务改进、IT、战略、组织设计、产品设计和流程。他就读于机械工程专业，曾在西班牙、法国、德国、丹麦和美国工作。

马克·兰斯洛特
(Mark Lancelott)

他是PA咨询公司的商业设计总监。他专长于商业设计方向，帮助客户公司设计新的运营模式，将组织架构、人员、流程和系统整合在一起。他还与客户公司的高管、经理和员工一起领导变革的实施。他曾在许多部门工作，包括金融、工业、政府和慈善部门。他近期的兴趣领域是如何通过解决非必要复杂性问题来简化组织。马克在巴克莱银行工作了10年。他活跃于业务架构协会和欧洲组织设计论坛（EODF），定期发表博客并在推特@marklancelott上讨论运营模式和组织话题。

目录

第1章 — 2
运营模式画布
对运营模式、商业模式和设计流程的介绍

第3章 — 94
运营模式工具箱
从事运营模式工作所需的工具，分为核心工具和辅助工具

第5章 — 178
为职能部门创建运营模式
为EEI的IT部门创建一个架构层面的运营模式的完整实例

第2章 — 34
运营模式画布案例
如何使用运营模式画布，以及从优步到战略管理中心的若干案例

第4章 — 134
为业务创建一个"目标状态"或"将来时"的运营模式
为电力设备行业制造商EEI，创建一个架构层面目标状态的运营模式的完整实例

第6章 — 198
运营模式变革案例
5个"现在时"和"将来时"的运营模式画布案例

第1章 运营模式画布

运营模式画布与商业模式画布 14

转型 20

设计步骤 24

设计技巧 32

如何向客户
和受益者
交付高价值

运营模式是……

一种**可视化**的呈现（即"一个模型"），

它以一张示意图、一份地图、一个表格、一组**图表**，或是各类图表组合的方式，

展示了**构成组织的各种要素**，例如各类活动、人员、决策流程、信息系统、供应商、地点、资产等对于传递组织的**价值主张**十分重要的要素，它还展示了这些要素如何**组合**在一起，从而成功地传递价值主张。

> **通向成功的旅程有四个部分：**
>
> ▶ **战略部分**：决定组织要做什么。
> ▶ **运营模式部分**：设计有能力执行战略的组织。
> ▶ **构建或转型部分**：创建目标状态的运营模式和组织。
> ▶ **实际运营部分**：运营组织，从而实现战略。
>
> 本书是关于运营模式部分（设计部分）的，不涉及战略、构建或转型以及实际运营部分。

第1章

> 不同学术流派对运营模式有着不同的定义，不存在什么标准定义。左边是我们下的定义。

> 其他学术流派在战略部分前还包含了制定使命、愿景和价值观的部分。我们将这些视为战略部分的一部分。

架构层面的运营模式

第1章

本书讲述的是架构层面的运营模式。它主要聚焦于战略和运营之间的连接,以及商业模式和运营模式之间的连接。

1页的运营模式

在第2、6章中进行解释说明

10页的运营模式

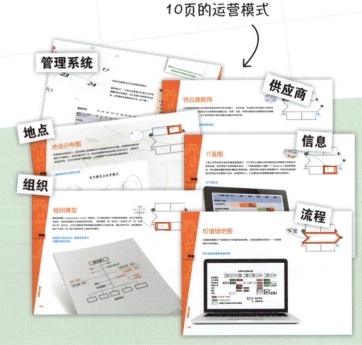

在第3、4、5章中进行解释说明

▶ 运营模式画布

应用层面的运营模式

为了让组织正常运转,需要做出数以百计的设计决策。我们相信,如果有架构层面的运营模式的指导,就能更好地在应用层面上做出详尽的运营模式决策。

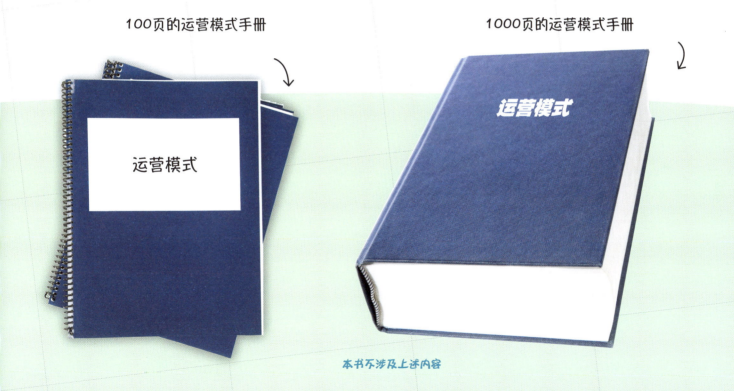

本书不涉及上述内容

第1章 什么时候需要在运营模式上下功夫

当你开启一项新事业时，运营模式能

当你进行战略变革时，运营模式能

当你遇到绩效问题时，运营模式能

- ▶ 帮助你测试想做事情的可行性。
- ▶ 帮助你理解成本、资源和时机，从而制订出更好的商业计划。
- ▶ 帮助你使你的团队与利益相关者达成一致。
- ▶ 帮助你将精力集中在重要事项上。

- ▶ 帮助你测试想做事情的可行性。这通常会带来更好的战略。
- ▶ 帮助你理解成本、资源和时机，从而制订出更好的商业计划。
- ▶ 帮助你的员工理解新战略。
- ▶ 帮助你确保你的实施计划是完整的。

- ▶ 帮助你找到根本原因。
- ▶ 帮助你看到症状和原因之间的联系。
- ▶ 帮助你确保你的实施计划是完整的。
- ▶ 帮助你的员工了解为什么需要各种各样的变革。

第1章

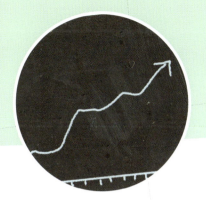

当你的团队没有达成一致时，运营模式能

当你发现实施计划难以落地时，运营模式能

当你正在实施重大变革时，运营模式能

➤ 帮助持有不同观点的人解释他们的想法。
➤ 为高管团队正在努力共创的内容提供一份共享的蓝图。
➤ 在目的和行动之间建立清晰可见的连接。

➤ 确保你对实施计划是否可行进行核查。
➤ 帮助那些正在拖延的人解释他们的立场。
➤ 引发对实施计划的重新排序（在通常情况下）。

➤ 确保你对项目顺序是否可行进行核查。
➤ 帮助你解释变革和商业计划。
➤ 帮助那些对计划心存顾虑的人解释他们的立场。
➤ 帮助不同项目的负责人达成一致。

本书将帮助你……

你的角色是?

- **运营经理**或**职能经理**,期待设计出理想的运营模式。
- **CEO**、**COO**或**创业者**,想要审视组织和各种计划。
- **精益实践者**或者**卓越运营经理**,期望能更具战略眼光。
- **战略**或**规划经理**,想要制订出更加可行的计划。
- **项目经理**或**变革专家**,负责转型项目。
- **领导者**,想要确保团队成员步调一致。
- **人力资源(HR)**、**信息技术(IT)**或**财务业务合作伙伴**,希望提高业务绩效。
- **业务发展经理**,希望设计出新业务模式。
- **业务架构师**、**企业架构师**或**运营战略专家**。
- 负责削减成本/改进服务/改善质量的**经理**。
- **客户体验**或**用户体验专家**。
- 负责**并购整合**的**经理**。
- 帮助组织改进的**顾问**。
- **任何**对绩效负责的**人**。

第1章

理解什么是
运营模式 → 记录你当前的
运营模式 → 为你当前的运营模式
设计改进方法 → 设计一个目标状态的
运营模式

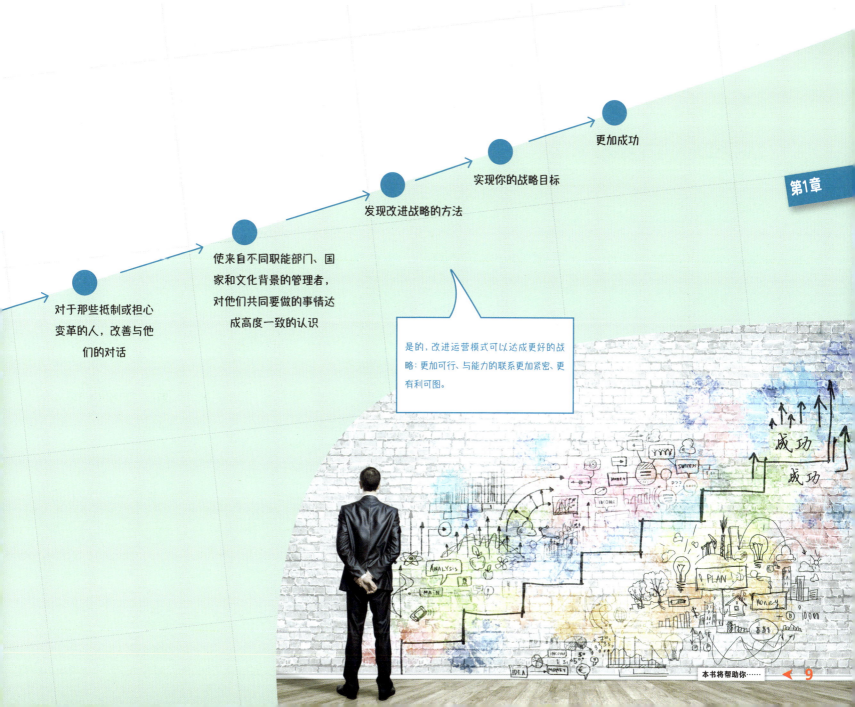

更加成功

实现你的战略目标

发现改进战略的方法

使来自不同职能部门、国家和文化背景的管理者，对他们共同要做的事情达成高度一致的认识

对于那些抵制或担心变革的人，改善与他们的对话

是的，改进运营模式可以达成更好的战略：更加可行、与能力的联系更加紧密、更有利可图。

第1章

本书将帮助你……

5%的员工参与战略部分,95%的员工参与运营模式部分

第1章

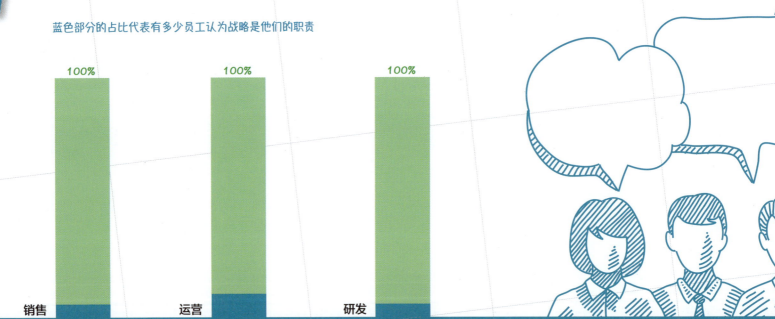

如何使用这本书

第1章

运营模式画布是帮助你对运营工作进行思考和做出改变的工具。

这个工具简单易用。通过阅读本章和第2章的前几页,你也许就能掌握并开始使用这一工具。

当然,如果你能先确定当下面临的机会或挑战,那么本书将带给你极大的收获。在阅读本书时,尝试为你的组织创建一张画布。在几张便利贴上写下你认为对于组织很重要的若干事情(例如:传递价值主张很重要),并把它们贴在画布上。然后看看案例(第2章),再看看工具箱(第3章),试着用一些工具来理解你所面临的挑战,并为解决它找到创意。接着再深入探索两个大型案例(第4章和第5章)。

祝你阅读愉快!

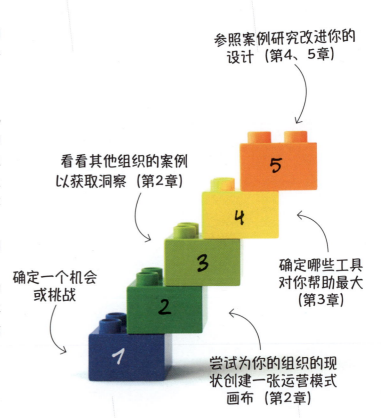

参照案例研究改进你的设计(第4、5章)

看看其他组织的案例以获取洞察(第2章)

确定哪些工具对你帮助最大(第3章)

确定一个机会或挑战

尝试为你的组织的现状创建一张运营模式画布(第2章)

章节要点

第1章

1 运营模式画布

- 运营模式画布与商业模式画布 14
- 转型 20
- 设计步骤 24
- 设计技巧 32

2 运营模式画布案例

- 什么是POLISM 38
- 如何使用运营模式画布 42
- 企业案例 48
  - 优步 50
  - ZARA 52
  - 麦肯锡咨询公司 54
  - 范哈伦出版社 56
- 职能部门案例 64
  - IT职能部门 66
  - HR职能部门 68
- 多业务组织案例 70
  - 壳牌 72
  - 阿什里奇高管教育商学院 74
- 公共部门案例 80
  - 资格监管机构 82
  - 保障机构 84
- 其他案例 86
  - DEF CON极客大会 88
  - 纸板公民剧团 90
  - 战略管理中心 92

3 运营模式工具箱

- 5个核心工具 96
- 价值链地图 98
- 组织模型 100
- 地点分布图 102
- IT蓝图 104
- 供应商矩阵 106
- 13个辅助工具 108
- 业务架构 130
- 评估运营模式 132

4 为业务创建一个"目标状态"或"将来时"的运营模式

- 行业和挑战 136
- 设计步骤 146
  - 流程 148
  - 组织 154
  - 地点 158
  - 信息 164
  - 供应商 168
  - 管理系统 174

5 为职能部门创建运营模式

- EEI公司的IT部门 180
- 设计步骤 182
  - 价值链 184
  - 供应商 186
  - 地点 188
  - 组织 190
  - 决策权 191
  - 管理系统 193
- 总结 196

6 运营模式变革案例

- 战略变革管理 200
- 销售团队 202
- 设计团队 204
- HR部门 206
- 政府失业救助部门 208

运营模式画布是一页纸上的运营模式

第1章

第2章将对画布进行详细解读

虽然**运营模式画布**不包括财务模型，但显而易见的是，大部分的组织成本都产生于运营模式部分。

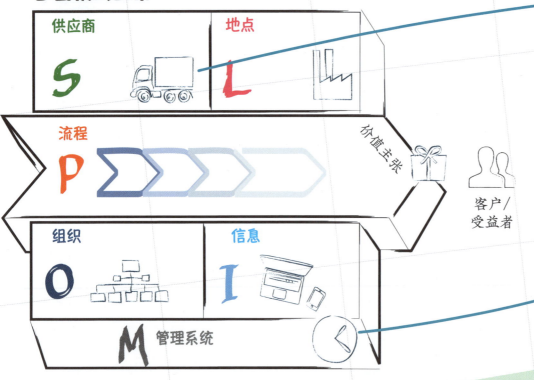

运营模式画布与商业模式画布之间的大致关系如下：

P = 关键业务

S = 重要合作

O + L + I + M = 核心资源

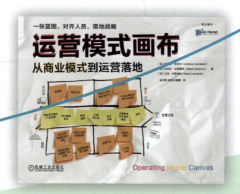

它涵盖了商业模式画布的"后台"部分

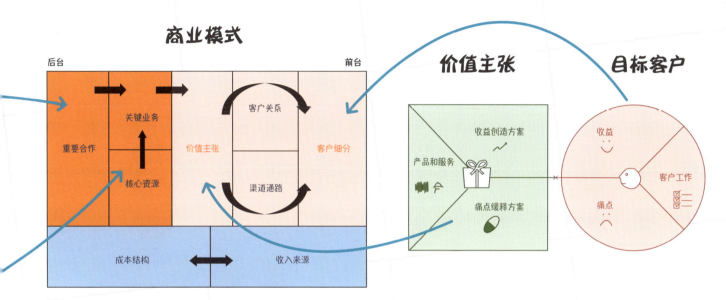

渠道通路和客户关系是运营模式的一部分吗?
是的!只要它们涉及关键业务或重要合作。

第1章

什么是商业模式画布

第1章

商业模式画布是由亚历山大·奥斯特瓦德（Alex Osterwalder）、伊夫·皮尼厄（Yves Pigneur）和其他合著者开发的一个框架，用来描述商业的主要元素。商业模式画布描述了组织如何创造、交付和获取价值，以及向谁交付什么样的价值。

你不需要熟悉商业模式画布才能理解和使用运营模式画布，但你会发现商业模式画布真的很有用。

《商业模式新生代（经典重译版）》（已由机械工业出版社出版）会为你提供更多信息。

重要合作

为组织提供重要输入的外部组织。它们可能是原材料、分销服务或IT支持服务的供应商。相当于运营模式画布中的供应商模块。

关键业务

传递价值主张所需的最重要的工作步骤，相当于运营模式画布中的流程箭头。

核心资源

最重要的资产，如人员、技术、机器、品牌、建筑和地点。相当于运营模式画布中的地点模块（包括资产）、组织模块（包括人员）和信息模块（包括数据资产）。

客户细分

组织所要服务的不同人群。

价值主张

为组织的客户或受益者提供的产品或服务。

渠道通路

组织如何与客户或受益者沟通并向其传播价值主张。

客户关系

如何吸引、获取和保留客户。

> 本栏中的四个模块是关于市场战略的，即"通过哪些渠道向谁传递什么样的价值主张"。它们对运营模式画布产生影响。

商业模式画布

为谁设计：　　　　设计者：　　　　日期：　　　　版本：

重要合作	关键业务	价值主张	客户关系	客户细分
	核心资源		渠道通路	

成本结构	收入来源

© Strategyzer AG

第1章

运营模式画布如何与增强版商业模式画布联系起来

第1章

运营模式画布有六个模块：
- 为实现价值主张所需要做的工作（**流程**）。
- 从事这些工作的人员以及他们的组织方式（**组织**）。
- 这些人将部署在哪里，以及需要哪些资产来帮助他们（**地点**）。
- 这些人需要什么样的信息系统来帮助他们（**信息**）。
- 支持这些工作的供应商（**供应商**）。
- 用于运营该组织的管理系统（**管理系统**）。

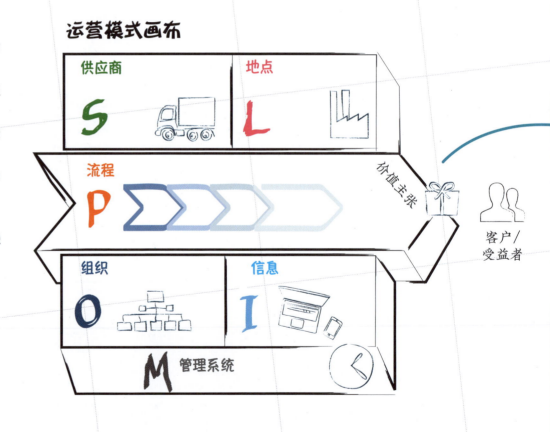

第1章

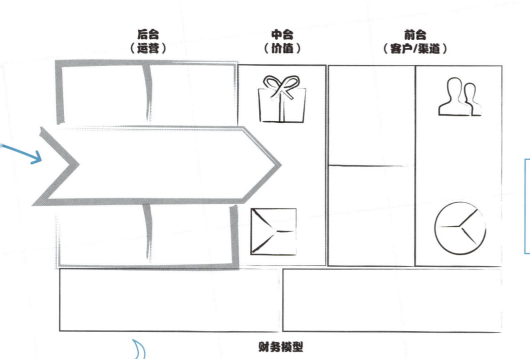

后台
（运营）

中台
（价值）

前台
（客户/渠道）

财务模型

> 运营模式画布包含价值主张和客户细分的图标，二者作为运营模式设计的输入部分，而不是作为设计挑战的一部分。《价值主张设计》一书展示了如何设计价值主张和客户细分。

> 与商业模式画布的三大模块——关键业务、核心资源和重要合作相比，包含六大模块的运营模式画布是商业模式画布更强大的"后台"。

运营模式画布如何与增强版商业模式画布联系起来　19

从战略到转型

第1章

理解环境

- 客户偏好
- 市场和经济趋势
- 竞争者的业绩表现
- 供应商能力
- 技术、法律、环境和政治因素

所有好的战略都建立在对环境、经济趋势、消费趋势、科技机会等的深刻理解之上……

制定战略

战略规划

战略规划解释了组织将为谁服务，将"交付"什么，以及如何创造"价值"。

战略需要转化为商业设计，而完成这一工作最好的方式是在商业模式的要素上下功夫，包括价值主张设计、运营模式画布和财务模型。这项工作会引发对战略的调整。

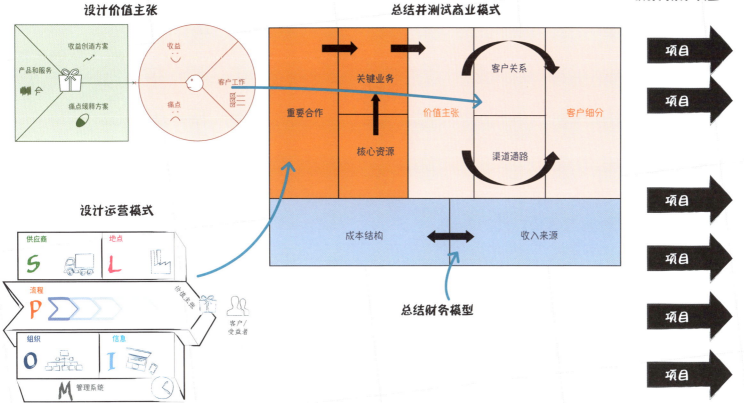

第1章

设计运营模式而非转型过程

这本书是关于如何设计（架构层面的）"将来时"或"目标状态的"或"未来的"运营模式的。

设计架构层面的"将来时"的运营模式

设计**转型**过程，并在运营模式应用层面的细节上开展工作

识别变革的原因

▶ 运营模式画布

> 但是，在转型过程中，运营模式画布也可以作为一种指南，一种同时表述"现在时"和"将来时"的沟通方式，并帮助利益相关者在各个细节层面上参与变革。

第1章

启动从"现在时"到"将来时"的**转型**，同时设计更多细节并运营"现在时"的组织

推进从"现在时"到"将来时"的转型，**同时运营"现在时"和"将来时"混合状态的组织**

运营"将来时"的组织，同时持续改善组织

识别另一个需要推进变革的原因

设计运营模式而非转型过程ㅤ◀ **23**

运营模式设计项目中的典型活动

第1章

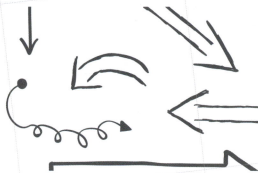

发起

- ▶ 澄清议题。
- ▶ 明确利益相关者。
- ▶ 明确范围。
- ▶ 确定团队。
- ▶ 确定治理方式。
- ▶ 项目规划。
- ▶ 共识计划。

诊断

- ▶ 理解战略目标。
- ▶ 了解商业模式的前台。
  - • 目标细分市场/地理区域。
  - • 渠道通路/客户关系。
  - • 产品/服务的价值主张。
- ▶ 理解当前的运营模式。
- ▶ 理解自身优势/卓越的来源。
- ▶ 理解问题/议题/挑战。
- ▶ 制订变革方案。

设计原则

- ▶ 澄清战略目标。
- ▶ 定义设计原则。
- ▶ 测试并达成共识。

> 这些是在任何运营模式设计工作的方案中,你可能会看到的典型步骤。

▶ 运营模式画布

扩充可选项

- 确定关键选择。
- 扩充可选项。
  - 组织可选项。
  - 地点可选项。
  - 信息可选项。
  - 供应商可选项。
  - 管理系统可选项。
- 检查一致性。

评估

- 对照设计原则进行检查。
- 针对其他标准进行测试。
  - 成本/资金支出。
  - 实施的难易程度。
  - 政治支持。
  - 限制。
  - 风险。
  - ……
- 对照优质运营模式的原则进行检查（见第132页）。

规划变革

- 修订变革方案。
- 审视每个利益相关者群体的沟通/参与规划。
- 规划试点项目。
- 分析差距。
- 计划滚动开展的项目。
- 创建实施的治理方式。
- 分配资源。

> 不要被运营模式工作吓倒，也不要认为这项工作工作量很大，必须由顾问来做。要想高效地工作，你不必完成所有这些活动。架构层面的方案可以在6小时、6天或6周内完成。设计出足够细致以便达成共识的方案可能花费数月。如果这项工作花了6个月，那你就是在做应用层面而不是架构层面的运营模式工作了。

但是设计工作是一段漫长的旅程……

第1章

谁应该是设计团队的核心成员？
具有开放性、创造性和善于研讨的人。团队成员应该融合各种经验和观点：客户、运营、环境、财务、人力资源。团队人员要足够精简，保证成员都能围坐在一张讨论桌旁。

- 从定义设计项目的范围和原因起步
- 识别利益相关者并与他们达成一致
- 诊断现状，确保你能够落地
- 规划设计工作并整合资源

想了解更多有关设计旅程的信息，请阅读上图所示图书

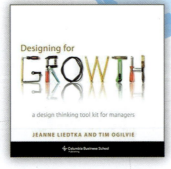

想了解更多有关设计思维的信息，请阅读上图所示图书

……而不仅仅是一系列步骤

第1章

- 定义设计原则
- 生成设计构想/方案
- 选择一个架构层面的方案
- 在一个更详细的应用层面上生成设计构想
- 确保架构层面的方案与应用层面的构想是相互匹配的

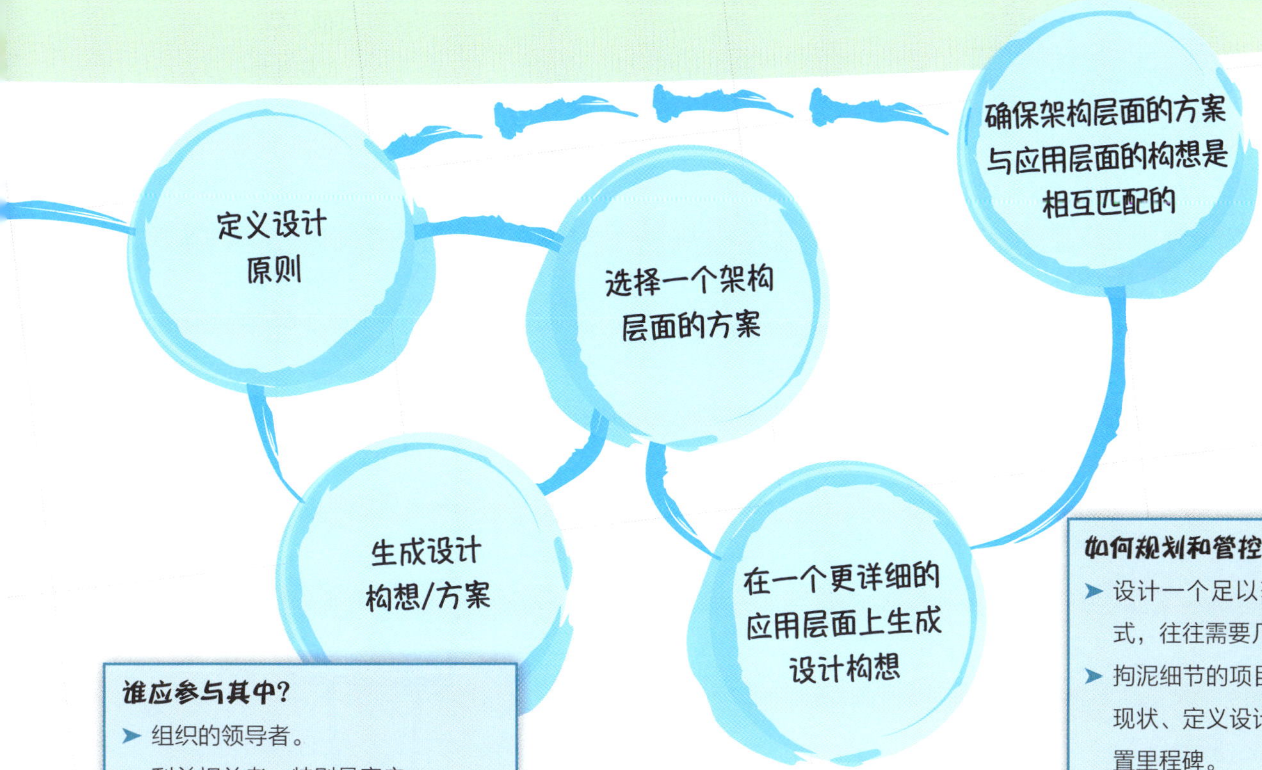

谁应参与其中？
- 组织的领导者。
- 利益相关者，特别是客户。
- 那些将要实施运营模式方案的人。
- 为变革注入能量的有高抱负的人士和有影响力的人士。

如何规划和管控工作？
- 设计一个足以获得承诺和资金投入的运营模式，往往需要几周而不是几天时间。
- 拘泥细节的项目管理效果不佳。你应当为诊断现状、定义设计原则、生成设计方案等步骤设置里程碑。
- 利益相关者的可用时间往往决定了项目节奏，因为利益相关者的工作会议需要开几个小时而不是几分钟。
- 这个过程应该是节奏紧凑的。

但是设计工作是一段漫长的旅程，而不仅仅是一系列步骤 ◀ **27**

设计是一个混乱的过程,直到出现一个首选方案

第1章

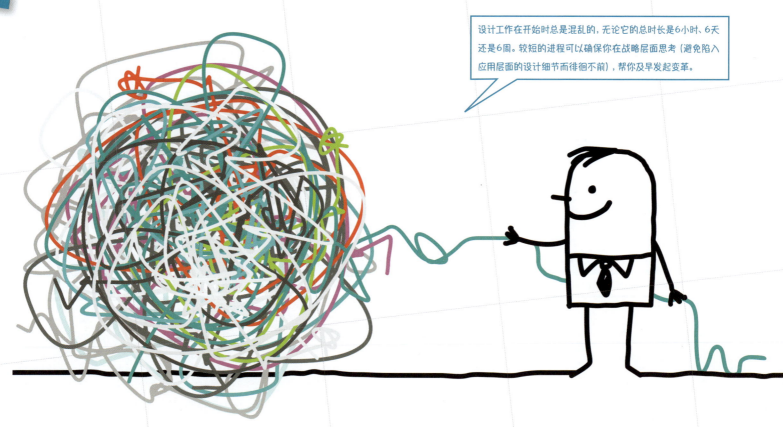

设计工作在开始时总是混乱的,无论它的总时长是6小时、6天还是6周。较短的进程可以确保你在战略层面思考(避免陷入应用层面的设计细节而徘徊不前),帮你及早发起变革。

第1章

> 设计工作不仅仅是一种智力上的解决问题的活动。它是变革过程中的一个关键部分。它推动着产生新的、更好的运营方式。设计工作必须包含与利益相关者一起打造一个令人信服的变革案例，使人们对新的工作方式从理解、接受、采用到最终承诺。

设计工作早期的重点是明确问题、范围和设计原则。你时常会感到虽然工作正在进行，却没有得到任何成型的方案。但是，混乱是好事，它可以确保我们从不同的角度来看待问题。

随着问题变得明确，那些可以构成部分解决方案的构想也开始涌现，事情才会慢慢明朗起来。混乱有助于让不同寻常的构想浮出水面。

在某一时刻，一个首选方案变得清晰起来。现在，设计工作可以充满信心地继续推进了。

在设计细节和变革规划方面仍有很多工作要做。但现在每一项工作都在改善着设计，使其逐步迈向可以着手实施的状态。

设计是一个混乱的过程，直到出现一个首选方案

生成设计构想/方案的13个工作步骤

第1章

生成设计构想/方案不是一个按部就班的过程。每个项目都是独一无二的。有时，重点是组织，有时是地点，有时是流程和决策权。所以，不要把下面的13个步骤当作操作宝典。它们是设计工作的一种辅助，而不是束缚。

- 定义设计原则
- 选择一个架构层面的方案
- 确保架构层面的方案与应用层面的构想是相互匹配的
- 生成设计构想/方案
- 在一个更详细的应用层面上生成设计构想

不要忘记在开始设计之前，确保你有若干设计原则（见第140页）。

1. **绘制**。为每个"客户细分"（寻求相同价值主张的客户群体）绘制价值链，并标明哪里存在问题，哪里（可能）是优势/卓越的来源。

2. **考虑**。考虑在价值链中哪些"活动"将结合或联系起来，哪些"活动"将保持独立或可以外包。

3. **转化**。将得出的价值链地图转化为组织模型。

4. **添加**。在模型中添加支持性职能（HR、IT等），并强调"挑战"（问题、限制、困难连接和优势来源）。后续的设计工作都要围绕"挑战"展开，突出重点。

> 想象自己是一位带着工具箱的木匠。你做的每项工作都是不同的,需要按照不同的顺序,使用不同的工具。第3章描述了这些工具。

第1章

5. **制定**。为重大决策制定一个决策网格。

6. **开发**。为重要的技能项开发人才模型。

7. **思考**。思考人员和重要资产将被安置的地点。

8. **确定**。确定关键的跨组织或跨地域流程的负责人。

9. **制定**。制定一个架构层面的IT蓝图:标明核心应用及其负责人。

10. **识别**。识别那些需要与组织建立合作关系的供应商。

11. **回顾**。回顾"挑战"和"设计原则",确保所有问题都得到了解决。

12. **定义**。定义一个包含项目和关键绩效指标的计分卡。

13. **设计**。设计规划会议和绩效评估会议的管理日历。

> 如果其中有些步骤你还不清楚,不要担心。在你阅读本书的过程中,它们会变得逐渐清晰起来。

第1章 设计

采用一个指导性的框架
运营模式画布就是一个很好的指导性框架!

确保有一位领导者支持你
设计工作需要一位头脑清晰的领导者来确定方向、处理内部关系并做出决策。

明确细节化的程度
避免过度陷入对细节的设计。好的设计直面的往往是少数关键的、架构层面的问题。

决定如何做出设计决策
由谁、在哪里、什么时候做出设计决策?是否需要更多的选项,以及将使用什么标准?

阐明变革的理由
与战略的变化联系起来,或与通过持续改善无法解决的问题联系起来。

技巧

第1章

组建合适的团队

寻找具备这些特点的人：有洞察力、有经验、有影响力、思想开放、适应模糊性、有分析能力、能化繁为简。

管理时间节点，而不是规划

设计工作是难以被规划的，但它会被拖延，所以需要通过时间节点来实现管理。

没有正确的答案

不要寻求完美。只需寻找一个行之有效的落地方案。

除非你势在必行，否则不要虚张声势

如果你说正在考虑组织变革，那么每个人都无法专心工作，他们会开始担心自己的职位不保。

不要让决策者参加会议

如果决策者参加会议，会降低开放性和创造性。

注意：本书作者马克不同意这个技巧！

拥抱更多选项

可选项多多益善。寻找极端的选项，扩大征求意见的范围。不要限制你的思维。

设计技巧

第2章 运营模式画布案例

什么是POLISM 38
如何使用运营模式画布 42
企业案例 48
　－ 优步 50
　－ ZARA 52
　－ 麦肯锡咨询公司 54
　－ 范哈伦出版社 56
　－ 资产融资公司 58
　－ 喀嚓鱼 60
职能部门案例 64
　－ IT职能部门 66
　－ HR职能部门 68

多业务组织案例 70
　－ 壳牌 72
　－ 阿什里奇高管教育商学院 74
　－ 多元化公司总部 76

公共部门案例 80
　－ 资格监管机构 82
　－ 保障机构 84

其他案例 86
　－ DEF CON极客大会 88
　－ 纸板公民剧团 90
　－ 战略管理中心 92

第2章 运营模式画布案例

什么是运营模式画布

第2章

运营模式画布是用来描述组织的主要运营要素的框架，它描述了组织如何创造并交付价值。

运营模式画布提供了一个架构层面的蓝图，用来指导应用层面的设计决策。

运营模式画布既可以用于管理者之间的讨论，也可用于结构化研讨会。它有助于让需要讨论的问题自然浮现，并确保站在整个组织的立场上对主题进行讨论。它帮助组织设计人员在设计运营细节之前统观全局。

流程

流程描述了组织向客户或受益者交付价值所需做的主要工作。通常有多重"流程链"，也叫作"价值链"，因为我们希望在架构层面讨论流程。我们需要为每一个不同的客户群设计一个价值链，因为我们为每一个客户群传递不同的价值主张。我们将流程放在整个框架的中心，以确保对创造和交付价值的主要工作步骤给予足够的重视。

信息

这部分内容包括用以支持工作所需的重要应用和信息，以及每个应用的负责人。

供应商

这部分内容包括需要成为合作伙伴的供应商，以及合作的性质。

组织

这部分内容包括价值链如何转化为组织结构（比如采取单一价值链的职能型、各业务单元拥有独立价值链的事业部制，或是矩阵式的组织结构）；如何将财务和人力资源等支持性活动嵌入组织结构；重要的"技能项"和每类技能项对应的人才模型；组织运行所需的重要决策，以及决策的方式；重要的跨部门流程和流程负责人。

地点

这部分内容包括为支持工作的开展，工作地点应当设在哪里，以及在相应地点需要配备哪些资产。

管理系统

这部分内容包括管理人员规划、设定目标、制定决策和衡量绩效的流程。

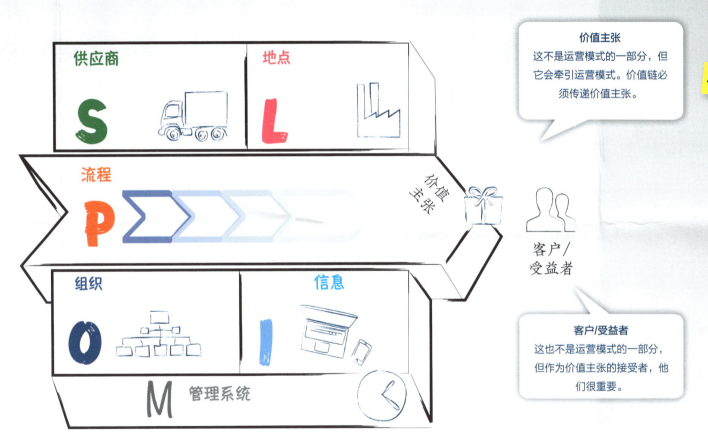

什么是POLISM

运营模式画布的六个要素可以用缩写"POLISM"来记忆,六个字母分别表示流程、组织、地点、信息、供应商和管理系统。

第2章

流程

组织创造并向客户或受益者传递价值主张的方式。通常情况下,一个组织要为多个细分客户群服务,向每一个客户群传递的价值主张略有不同。价值链地图列出了传递不同价值主张所需的不同价值链步骤。一张高质量的价值链地图是高质量运营模式的核心。

组织

价值链如何转化为组织结构(职能型、事业部制或矩阵式);如何将财务和人力资源等支持性活动嵌入组织结构;重要的"技能项"和每类技能项对应的人才模型;组织运行所需的重要决策,以及参与决策的每位高管人员的角色;重要的跨部门流程和流程负责人。

地点

为支持工作的开展,工作地点应当设在哪里,以及在相应地点需要配备哪些资产(楼宇、机器、知识产权等)。

地点也可以包括在哪个城市或国家运营,在办公楼哪些不同的楼层安置哪些不同的部门,如何布局工厂或如何在仓库中配置不同类别的库存。

> 我们通常认为管理系统是对运营模式画布核心要素的补充,因为它夯实了核心要素的内容,并能在管理转型的同时经营好业务。

第2章

信息

需要哪些信息和IT应用来支持不同流程的工作,哪些应用需要成为组织综合系统的一部分,哪些应用需要定制而不是采用标准模块,以及谁是数据和每个应用的"业务责任人"(即谁来决定采集哪些数据,以及该应用应该做哪些事情)。

供应商

哪些供应商要成为合作伙伴,以及与每个供应商合作的性质。

管理系统

包括管理者规划、设定目标、制定决策、推动改进和管理绩效的流程与会议日程安排。也包括用于衡量业绩进展的管理评估体系(计分卡)。

什么是POLISM

第2章

第1、2层是架构层面的运营模式设计工作，第3、4层是应用层面的运营模式设计工作。

流程

第1层（1页）	运营模式画布
第2层（10页）	架构层面的价值链地图
第3层（100页）	应用层面的价值链地图
第4层（1000页）	每个流程的详细流程图

当为职能或部门设计架构层面的运营模式时，可以使用第3层或第4层的画布。

在进行运营模式设计时，不同层面的画布要求不同程度的细节

第2章

组织	地点	信息	供应商	管理系统
运营模式画布	运营模式画布	运营模式画布	运营模式画布	运营模式画布
架构层面的组织模型	架构层面的地点分布图	架构层面的IT蓝图：应用和负责人	架构层面的供应商矩阵	架构层面的管理日历和计分卡
应用层面的组织模型、决策网格、人才模型	应用层面的地点分布图	IT系统架构	应用层面的供应商矩阵	高级别与会者、会议议程、关键绩效指标
所有岗位的岗位说明书、详细的决策网格等	空间面积、场所规划、楼层布局等	IT安全策略、服务等级、员工轮值表等	选定的供应商，以及供应商协议等	详细的议程安排、报告模板等

如何使用运营模式画布

第2章

运营模式画布是个模板，你可以在一页纸、一张活动挂图或者一块白板上画出来。

图标是用来辅助我们记忆的，以便将不同的想法放在相应的位置上。

42　运营模式画布案例

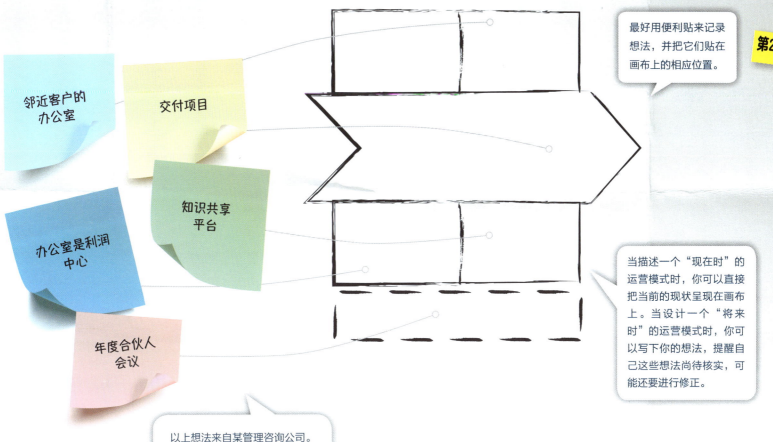

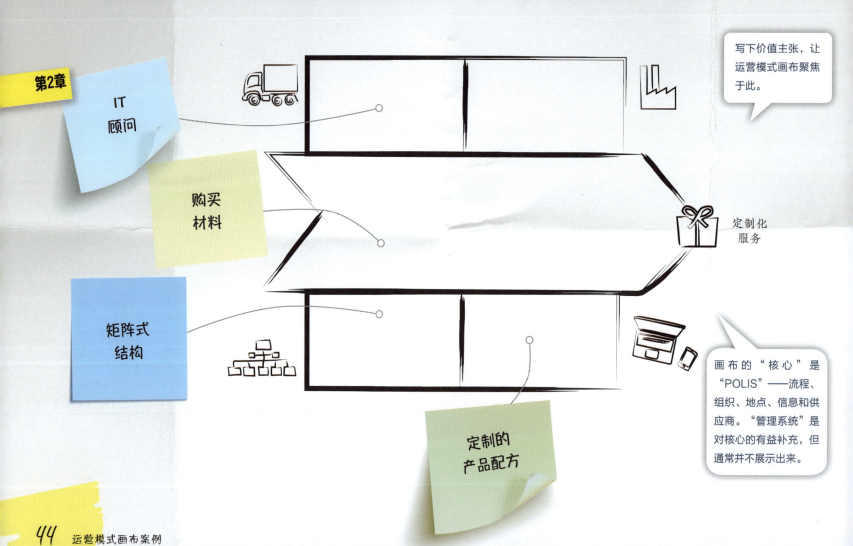

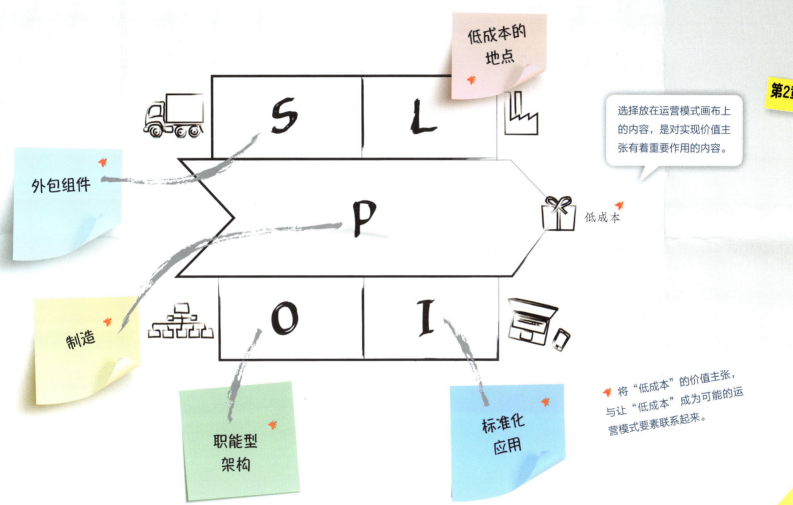

运营模式画布聚焦于价值主张

在填充画布前，你需要理解前台

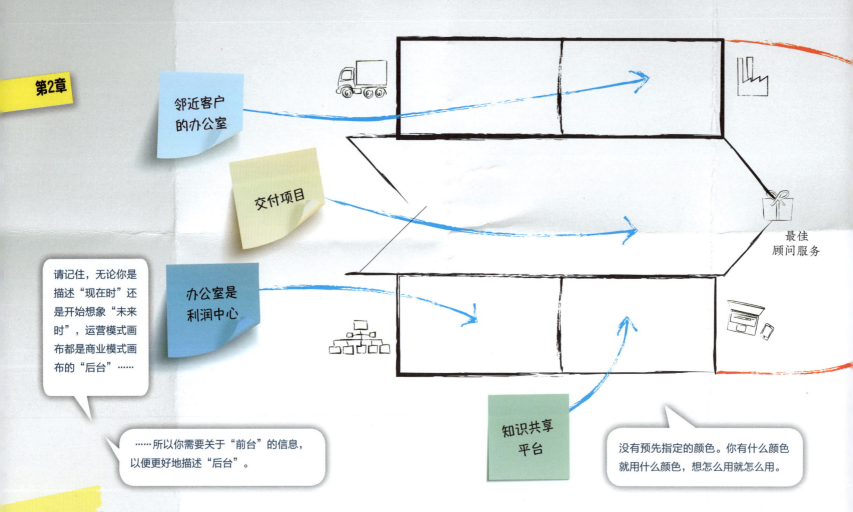

第2章

邻近客户的办公室

交付项目

请记住，无论你是描述"现在时"还是开始想象"未来时"，运营模式画布都是商业模式画布的"后台"……

办公室是利润中心

……所以你需要关于"前台"的信息，以便更好地描述"后台"。

最佳顾问服务

知识共享平台

没有预先指定的颜色。你有什么颜色就用什么颜色，想怎么用就怎么用。

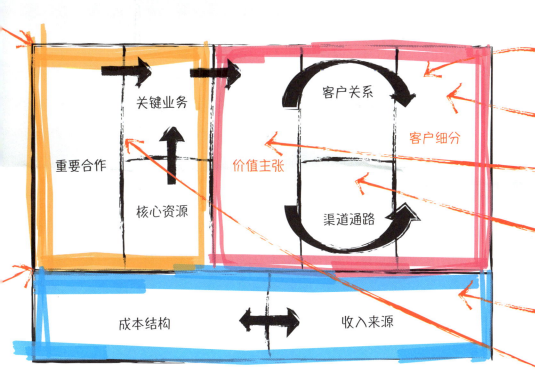

在创建运营模式画布前，你需要了解哪些与战略相关的内容？

第2章

1. 目标客户或受益者，以及他们细分成哪些群体。

2. 客户所在的地理区域。

3. 向每一类细分客户群传递的价值主张（产品和服务），以及这些价值主张的差异点。

4. 与客户沟通和建立关系的渠道通路，比如分销商或直接销售人员。

5. 哪些活动产生主要成本，哪些收入来源是最有利可图的。

6. 竞争优势或卓越的来源：组织需要做好哪些事情才能实现价值主张。

在填充画布前，你需要理解前台 **47**

第2章 企业案例

运营模式画布可以用于了解整个企业的运营情况，即使在企业有多个产品线和多个区域市场的情况下也可以使用。

这里的案例是对运营模式"现在时"的描述，不同案例展示了不同企业之间的差异。

你可以使用"现在时"画布作为进一步诊断的基础：
- 组织是否"擅长"所有对于实现价值主张有着重要作用的活动？
- 价值链上的各个步骤之间是否难以连接起来？
- 组织结构是否反映了价值链的内容？
- 不同专业领域是否需要不同的人才模型？

参见第132、133页，了解更多的诊断问题。

优步的运营模式画布

优步（Uber）是世界上最成功的科技公司之一。该公司是世界上最大的出租车服务公司，但它实际上没有雇用任何出租车司机。它通过手机应用程序匹配乘客和司机。然而，优步的运营模式所涉及的内容远远不止一个平台。

从2010年开始，优步已在250多个城市运营，2016年市值超过500亿美元。

优步提供不同级别的乘车服务，UberBlack是豪华轿车服务，而UberX是廉价乘车服务。

流程

对于想要进入的城市，优步与监管机构协商准入事宜，招募合适的司机（司机都是个体经营者），向司机发放智能手机和优步应用软件，培训司机如何使用软件，向该城市的乘客推广手机应用程序，匹配乘客和司机，让司机和乘客能相互评价，处理付款事宜。司机将乘客带到指定的目的地。在每个司法管辖区的法律允许范围内，优步不对出租车的服务质量负责。

供应商

除了技术供应商之外，司机是优步的主要供应商，但优步的成功也取决于其他利益相关者。进入新市场时，优步与"意见领袖"合作，例如乐于参加科技发布会的人，他们很有可能把乘车体验发在推特上。优步高度依赖社交媒体。优步还需要与城市监管机构建立良好的关系，或者在城市监管机构抵制其服务时聘请好的律师。

组织

每个城市都是一个业务单元。所有业务单元都依靠强大的总部职能——财务、技术、人力资源、营销、法务等。这些职能为业务单元提供服务，并促进跨区域的最佳实践共享。

地点

优步专注于大城市，它的初始投资将从随之而来的用车流量中得到回报。

信息

总部的技术职能、优步使用的平台、连接乘客和司机的应用程序，以及允许动态定价、拼车和双方相互评价，都是该公司优势的主要来源。

> 2016年，英国法律裁决，司机是正式雇员而不是独立承包商，所以优步可能需要在英国改变运营模式。

优步的运营模式画布

供应商
- 意见领袖
- 社交媒体 🍁
- 司机 🍁
- 律师和游说者
- 城市立法者

地点
- 大城市
- 旧金山总部

流程
- 建立并维护平台和应用程序
- 与监管机构谈判、打官司
- 招募、培训司机并为其配备手机和应用软件 🍁
- 向乘客推广应用程序
- 通过动态定价匹配乘客和司机 🍁
- 为乘客显示司机的位置 🍁
- 记录评价和处理付款事宜 🍁

组织
- 按地理位置划分的组织结构
- 强大的总部职能

信息
- 总部平台和应用程序 🍁

> 带 🍁 🍁 的表示运营模式中对实现某种价值主张最重要的部分。

第2章

🍁 低成本
🍁 更多的信息

ZARA的运营模式画布

ZARA

位于西班牙北部的ZARA是"快时尚"的先驱之一。时尚潮流的变化飞快,因此ZARA开发了一个紧密连接设计、制造和零售三者的系统,每周两次由总部配送中心(主要位于西班牙)向店面补货。一件在印度生产的服装很可能会先被送到西班牙,然后再被送到中国的店面。

流程

ZARA的流程是许多商学院案例研究的主题。流程始于产品经理为更好地了解销售情况、流行趋势而检查店面数据和访问店面,然后由设计师设计套系款式——通常每年五到六套,而不是行业标准的两套。这些产品制造出来(50%在ZARA自己的工厂生产,有些工厂通过铁路连接到主要配送中心)后入库,然后根据每周两次收到的店面订单发货(通常是空运)。

组织

基本结构是职能式的,但每家独立的店面都是利润中心,每位店面经理都能自主选择上架销售的货品。设计团队也得到授权,可自行设计他们认为适销的产品,并根据他们贡献的利润进行绩效考核。但许多决策仍由总部做出,如店面位置、店面设计。这一理念是将"快时尚"的决策权下放给最接近市场的人,而将运营模式的其他部分集中起来。

供应商

ZARA有许多服装供应商,但它在公司内部完成了许多通常由供应商完成的任务。它自己生产50%的服装,自己开发IT软件,派自己的团队去整修店面。

地点

ZARA的店面位于繁华的购物中心和街道。分销主要集中在西班牙。为了确保与设计师的良好沟通,产品经理的办公区位于设计中心的中间位置,他们负责与店面互动。

信息

IT支持是ZARA成功的一个关键因素:以前的IT负责人变成了ZARA的CEO。店面经理有手持设备,辅助他们做出订购决策。销售网点的信息直接传输到总部办公室。关于售出产品、在产品、正在运输的产品以及在配送中心的产品的数据,每天甚至每小时都会更新。

第2章

供应商
- 制造商
- 物流公司

地点
- 购物中心
- 西班牙总部和仓储中心
- 与设计师共事的产品经理

流程
- 感知流行趋势（产品经理）
- 设计服装套系
- 制成服装
- 仓储和上货
- 设计店面
- 从服装套系中预定服装
- 售卖

最新时尚
实惠价格

资源
- 有自主权的服装设计团队
- 有自主权的店面经理
- 无线上销售
- 连接总部和店面的产品经理
- 总部的店面设计团队
- 总部平台
- POS机系统

信息

ZARA的运营模式画布 53

麦肯锡咨询公司的运营模式画布

McKinsey&Company

第2章

麦肯锡咨询公司（Mckinsey & Company，以下简称"麦肯锡"）是一家为"高管团队"提供顾问建议和咨询支持的国际化公司。

麦肯锡在60多个国家设有办公室，自20世纪50年代由马文·鲍尔（Marvin Bower）创立以来，一直保持着顶尖管理咨询公司的地位。尽管受到了来自同类竞争对手强有力的挑战，如波士顿咨询公司和贝恩咨询公司，以及来自像埃森哲这样的在IT咨询和运营领域有着强大能力的大型公司的冲击，但麦肯锡一直保持着它的地位。

流程

咨询业务与赢得并交付项目有关。虽然每个项目都具有不同的价值链，往往涉及完全不同的工作步骤，但从整个公司的角度来看，存在着一个相同的价值链——雇用顾问、培训和发展顾问、开发对客户有用的知识和工具、赢得并交付项目。麦肯锡与其他公司存在差异的一个领域就是它建立关系的方式，它可以更好地使用研究成果，更好地利用与校友之间的关系。

组织

麦肯锡的组织结构是矩阵式的。各地的办公室是利润中心，但权力和决策权分布在办公室领导（如纽约办公室）、行业部门领导（如金融服务行业）、业务领域领导（如组织）和大客户总监（如大众汽车）四者之间。

麦肯锡旨在从商学院和其他各处吸引最优秀和最聪慧的人才，为其提供最好的培训，由总部集中掌握人力资源，并实行或晋升或退出的政策（"不升职就离职"）。

供应商

麦肯锡很少使用外部供应商来帮助公司交付项目。然而，它确实有重要的供应商为其顾问提供培训，并为公司的运营提供IT系统。

地点

公司在63个国家设有办公室，它们通常分布在对顾问有吸引力的大城市，并且靠近大型公司。大多数项目工作是在客户现场完成的。

信息

公司有重要的用于知识管理、客户信息和人员管理的中央数据库。业务是通过ERP系统运行的。

管理系统

麦肯锡按项目、办公室和客户来衡量利润。然而，工作质量和客户满意度更为重要。公司有着精心设计的合伙人选拔流程。

麦肯锡咨询公司的运营模式画布

范哈伦出版社的运营模式画布

第2章

范哈伦出版社（Van Haren Publishing，以下简称"VHP"）是一家专业出版IT和管理类书籍的出版社，位于荷兰扎尔特博默尔市（Zaltbommel），致力于成为"在最佳实践、方法和标准方面世界领先的出版社"。

公司以合理的价格出版实用书籍和其他形式的出版物，为培训机构、高等教育机构和中层管理人员服务。

供应商

VHP有赖于许多供应商：作者、文字编辑、设计师、印刷厂、分销商、在线零售商、实体零售商、社交媒体平台等。

流程

当VHP与作者（团队）签订出版图书的合同时，便启动了出版流程。在强有力的指导下，作者（团队）开始撰写书稿。然后，书稿首先由专家审阅（同行评审），随后由文字编辑进行编辑，进行桌面排版（Desktop Publishing, DTP），并由印刷厂印刷和装订。由此也会生成多种形式的电子书。在VHP，所有这些步骤都是外包的。然后，VHP对印刷版和电子版图书进行定价、市场营销、销售和分销，向供应商付款并获得收入。

组织

只有七个人在VHP工作。其中三个是管理人员：伊福·范·哈伦（Ivo van Haren，股东兼市场营销）；巴尔特·韦布吕热（Bart Verbrugge，出版总监，负责生产）；米里亚姆·布洛姆（Miriam Blom，股东兼财务/人力资源）。其他团队成员大致分为生产和营销两部分。

地点

VHP位于荷兰扎尔特博默尔市，原因有二：①那是创始人的首选地点；②荷兰是世界上为IT行业开发工具和标准的人才聚集地之一。

信息

VHP的主要信息资产是现有读者以及潜在读者（也就是潜在购买者）的数据库，这使VHP有可能通过自己的网站销售30%的图书。

管理系统

作为一家小公司，VHP是以非正式方式运营的。每周有一次正式的全体会议，每隔一周有一次正式的高管会议。业绩的重点是销售数据。

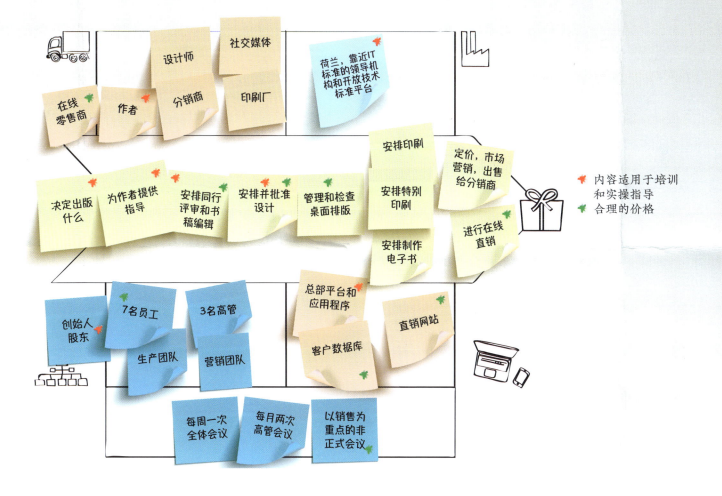

资产融资公司的运营模式画布

资产融资涉及以资产（比如叉车）为抵押的贷款。

第2章

资产融资公司与设备制造商（卖方）建立关系，并向其客户（承租人）提供融资。对卖方的好处是，有更多的客户可以购买他们的设备。对承租人的好处是，他们不必一次性支付设备费用。

通常情况下，承租人认为他们是从卖方处获得融资的，因为资产融资公司相当于是卖方的融资部门。

流程

流程始于与卖方建立关系，资产融资公司需要确保安排了融资和税务服务来支持卖方。一旦卖方签订了需要融资的销售协议，资产融资公司就会批准承租人的贷款、管理合同、履行合同并监控资产状况。

供应商

由于IT系统的定制特点，资产融资公司需要得到IT供应商的支持。公司还需要与律师和资产回收代理人建立良好的关系。私人关系对确保工作顺利至关重要。

地点

司库部门需要位于资金来源附近；行政管理部门需要设在低成本的地方；销售部门需要与卖方在一起；高管团队需要待在与其他部门都相邻的办公场所，以确保能够频繁地与各个部门沟通。

组织

组织设计很重要，因为销售（促成交易）、管理（确保融资过程简单）和风险控制（必须确保能拿回资金）之间存在着天然对立的关系。因此，三个最有权力的人分别领导着这三个不同的职能部门。

重要的是，在这三个职能部门之间要达成一种权力平衡，以确保在销售增长的同时不承担过多的风险，也不会导致管理复杂度过高。

信息

复杂的产品线需要定制的IT系统。安全可靠的通信信道对于连接决策者和当地销售人员很重要。关于违约和投资组合风险的数据库也很重要。

管理系统
（右侧未显示）

要想管理所承担的风险，控制和严格的汇报流程是必要的。正式的月度评估有助于提高快速发展的业务的合规性。

喀嚓鱼的运营模式画布

喀嚓鱼（Snapfish）专注于创造个性化的照片产品，如印制品、相册、卡片和家庭装饰品，是一家提供照片定制和配送服务的全球化公司。

该公司将总部设在美国加利福尼亚州，这样做的目的是靠近数字和技术创新者以及行业领导者。该公司最初成立于旧金山湾区，在欧洲、中东与非洲地区，美国地区，澳大利亚与新西兰地区开展业务。

其价值主张是高品质的个性化和较高的性价比。与竞争对手相比，该平台允许用户有更多的选择。

流程

喀嚓鱼有两条价值链，一条针对B2C客户，另一条针对B2B客户。针对B2C客户的价值链从新的想法开始，这些想法来自消费者研究团队对市场的洞察。这些都是在技术平台上设计和发布的。然后，产品在不同地区进行营销、销售和配送。针对B2B客户的价值链包括了解客户需求，签订合同，拓展合作伙伴，然后在该地区配送。

信息

业务的核心是公司内部设计与维护的技术平台。

地点

总部位于加利福尼亚州。在欧盟和澳大利亚设有区域办事处。

组织

在这三个地区设置业务单元，自行负责向B2C客户和B2B客户的履约工作并对配送所产生的财务损益负责。然而，大部分工作都集中在总部，分别由技术职能、全球营销职能和负责履约与客户服务的运营职能完成。总部另有合作伙伴解决方案部门负责管理每个地区的B2B客户关系。该公司的组织结构是区域/职能矩阵式的。

供应商

喀嚓鱼依赖平台所需的专业技术供应商。它由公司的另一个主要供应商印刷公司所拥有，印刷公司提供实物产品，如照片、家庭装饰品等。

管理系统

执行委员会每月举行面对面的会议，更频繁的沟通是通过电话会议进行的。计分卡侧重于业绩的四个方面——人员、流程、客户和财务指标。

IT解决方案的运营模式画布（活动挂图示例）

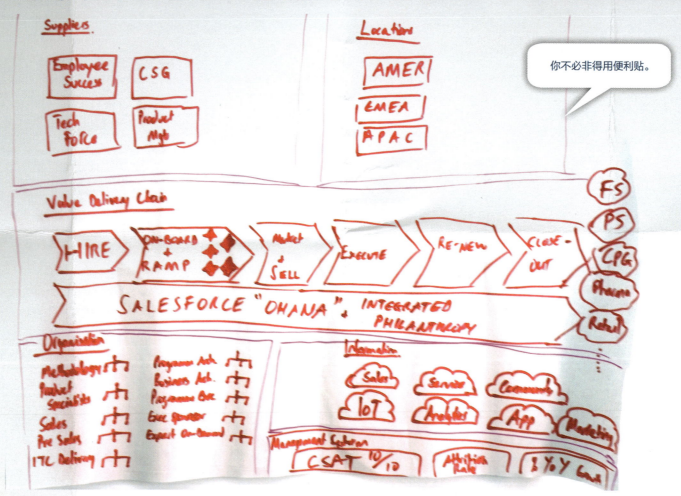

咨询公司的运营模式画布（活动挂图示例）

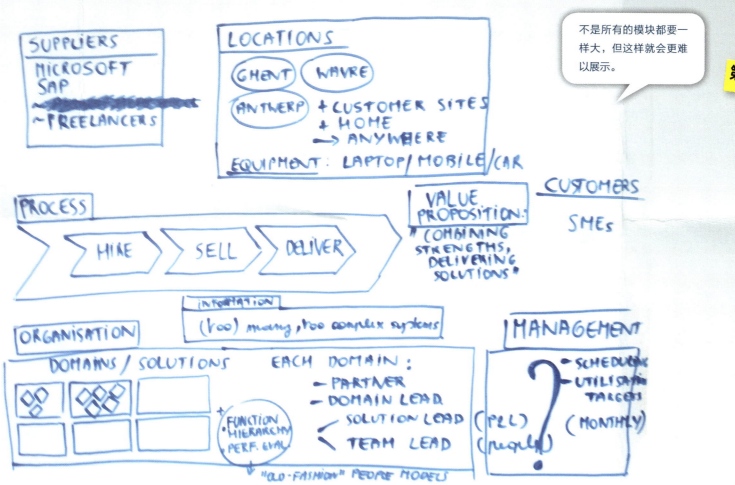

不是所有的模块都要一样大，但这样就会更难以展示。

第2章

职能部门案例

第2章

运营模式画布可用于了解企业中某一职能部门的运营情况。

这些案例是对当前运营模式情况的描述,展示了不同职能部门之间运营模式的差异。

第2章 职能部门案例

金融服务集团IT职能部门的运营模式画布

第2章

阳光金融服务集团（Sunshine Financial Services）（脱敏案例）是一家在中美洲国家开展业务的金融服务集团，该公司拥有消费金融、银行和保险等方面的业务。

IT职能是由总部管理的，但每个业务部门都有部署在当地的IT人员，这样设置的目的是既能提供本地服务，又能在成本较低的情况下得益于集团范围内的解决方案。

流程

IT职能部门负责集团内所有的IT活动。该部门与业务部门和集团其他职能部门密切合作，评估它们当前的需求和长期战略。然后，它围绕业务和集团政策开发出IT架构和解决方案。一旦解决方案获得批准，IT职能部门将搭建或采购所需的应用程序和基础设施。然后，该部门会运行和维护这些程序和设施，还会提供用户支持服务并进行性能评估。

供应商

阳光金融服务集团与管理基础设施的供应商以及该领域的专业软件供应商建立了合作关系。

地点

集团IT、IT职能部门以及IT共享服务的领导都在总部，其余大部分的IT人员都分布在各地的业务部门中。

组织

IT职能部门的结构分为六个交付单元——每个业务部门一个，总部一个。在总部制定的IT战略、架构、治理、安全和合规等政策与限定范围内，这些交付单元提供其所在业务部门所需的IT服务。

信息

该职能部门具有典型的IT4IT应用程序，如用户访问管理、帮助台管理、需求管理等。

管理系统

设计部门和IT委员会是管理系统的重要组成部分，它们有助于确保集团的不同部门在适当的时候应用全集团的解决方案。

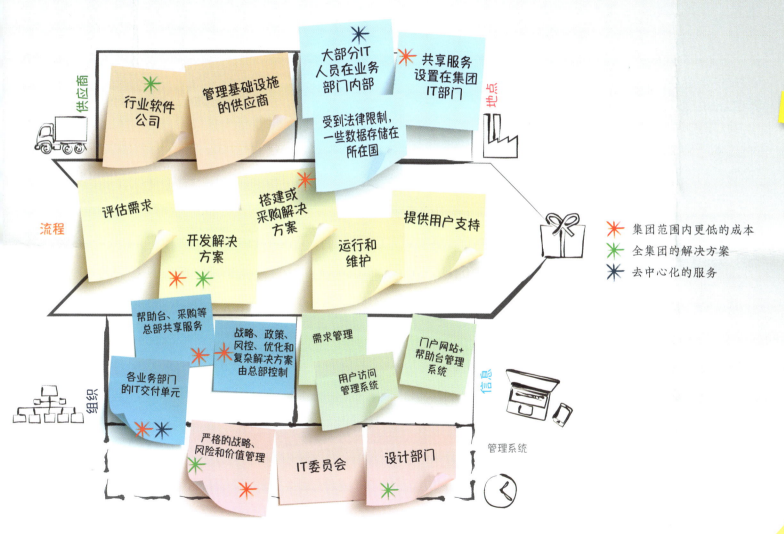

金融服务集团IT职能部门的运营模式画布

在线零售商HR职能部门的运营模式画布

该公司是一家时尚产品在线零售商，拥有三个不同的在线品牌。每个品牌都是独立运作的部门，共享程度有限。它们仅在办公空间、物流和仓储方面有一些共享，每个品牌的网站、营销、拍摄、包装和客户服务都是独立运作的。

该公司所属集团的目标是建立整合的全球HR职能，向各公司提供HR服务支持。因此，该公司所有的HR员工都向集团HR部门报告，在业务部门或公司其他职能部门工作的HR经理是"业务伙伴"（Business Partner，以下简称BP）。

流程

除BP外，HR职能还为组织提供四项服务：薪酬和福利、人才招聘和发展、组织发展，以及为BP无法处理的大型项目提供HR咨询。

另外，有一个提供统计数据的HR数据分析团队支持这四项服务和BP。

供应商

招聘工作主要由外部供应商完成；HR咨询服务经常通过聘请外部顾问来获得额外支持；公司内部的IT部门是重要的系统供应商。

地点

该公司在4个国家运营。因此，在每个国家都有HRBP和当地供应商。

组织

总部的四位服务负责人和HR数据分析负责人向集团HR总监汇报。BP以矩阵形式运作，即向所在国的BP负责人汇报，同时也向业务部门的BP负责人或者总部的HR服务负责人汇报。HRBP是HR服务的整合者，每项HR服务都希望通过相关的BP来进行，而不是直接与业务部门合作。大多数重大的决定是由集团HR总监做出的。

信息

公司配备有良好的HR系统，用于了解组织中发生的事情以及衡量HR的绩效表现。

管理系统

每个月都有一次正式的HR高管会议，但其实HR职能的运行是相当非正式的，经常召开临时会议，并且大多数决定是由集团HR总监做出的。绩效是根据一张精心设计的计分卡进行正式评估的。

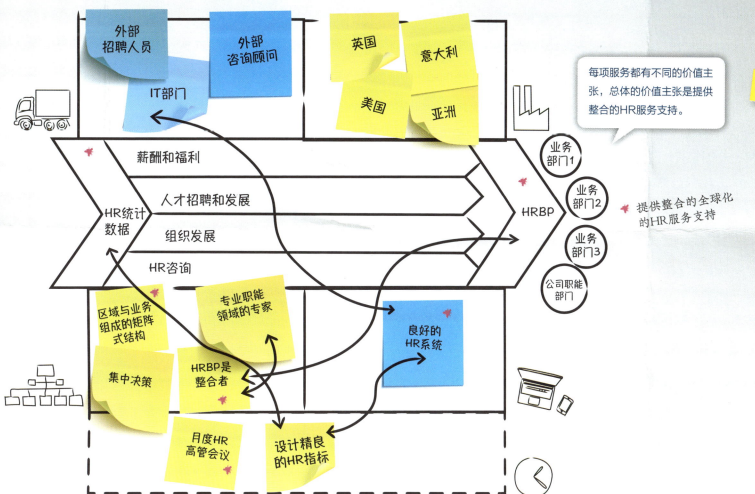

在线零售商HR职能部门的运营模式画布

第2章

多业务组织案例

运营模式画布可以用来了解一个多业务组织的运作情况，既可以着眼于整个组织，也可以只聚焦于公司总部。

以下案例不仅展示了不同组织之间运营模式的差异，也展示了公司整体和公司总部在运营模式上的差异。这些案例都是对当前运营模式情况的描述。

第2章 多业务组织案例

壳牌的运营模式画布

第2章

壳牌是一家大型全球石油公司,在海牙和伦敦均设立了总部。

它的成功源于与业务所在国政府的牢固关系,以及对卓越技术和工程的承诺。

一家大型多业务公司的运营模式必须只聚焦公司整体,或者只聚焦公司总部。

在本节最后,我们将给出一个聚焦公司总部的运营模式案例。壳牌这个案例讨论的是聚焦公司整体的运营模式。

流程

壳牌涉及三个主要的业务领域:上游勘探和开发、下游炼油和零售,以及天然气和电力。但这些业务领域会共享技术开发和重大项目的管理。

组织

壳牌的组织结构是由业务线和职能交叉组成的矩阵式结构。总部职能——财务、HR和法务对各个业务领域内的职能活动拥有控制权。
壳牌的文化是一种工程文化,它相信技术是大多数问题的解决方案,并把"壳牌原则"作为其秉承的商业原则。

管理系统

壳牌在战略上一直由其领导班子引领,这个班子历史上是一个由常务董事组成的委员会。尽管壳牌一直在寻求更加集中化与利润导向,但其领导班子对战略规划和分权仍相当执着。

地点

壳牌在世界上大多数国家都开展业务。壳牌的核心资产——油田,通常由当地政府发放牌照。因此,与这些政府的关系对壳牌的成功至关重要。
壳牌总部设在海牙和伦敦。

信息

壳牌的不同部门有着不同的ERP系统。对于那些需要集权的职能,壳牌则会提供全球统一的应用程序。

供应商

壳牌有许多供应商,但最重要的是那些为重大项目工作的承包商和合资伙伴。从英国石油公司因墨西哥湾漏油事件造成的不良影响可见,这些合作关系对成功至关重要。

> 在为多业务组织制定运营模式时，架构层面的价值主张来自各业务部门的产品/服务。

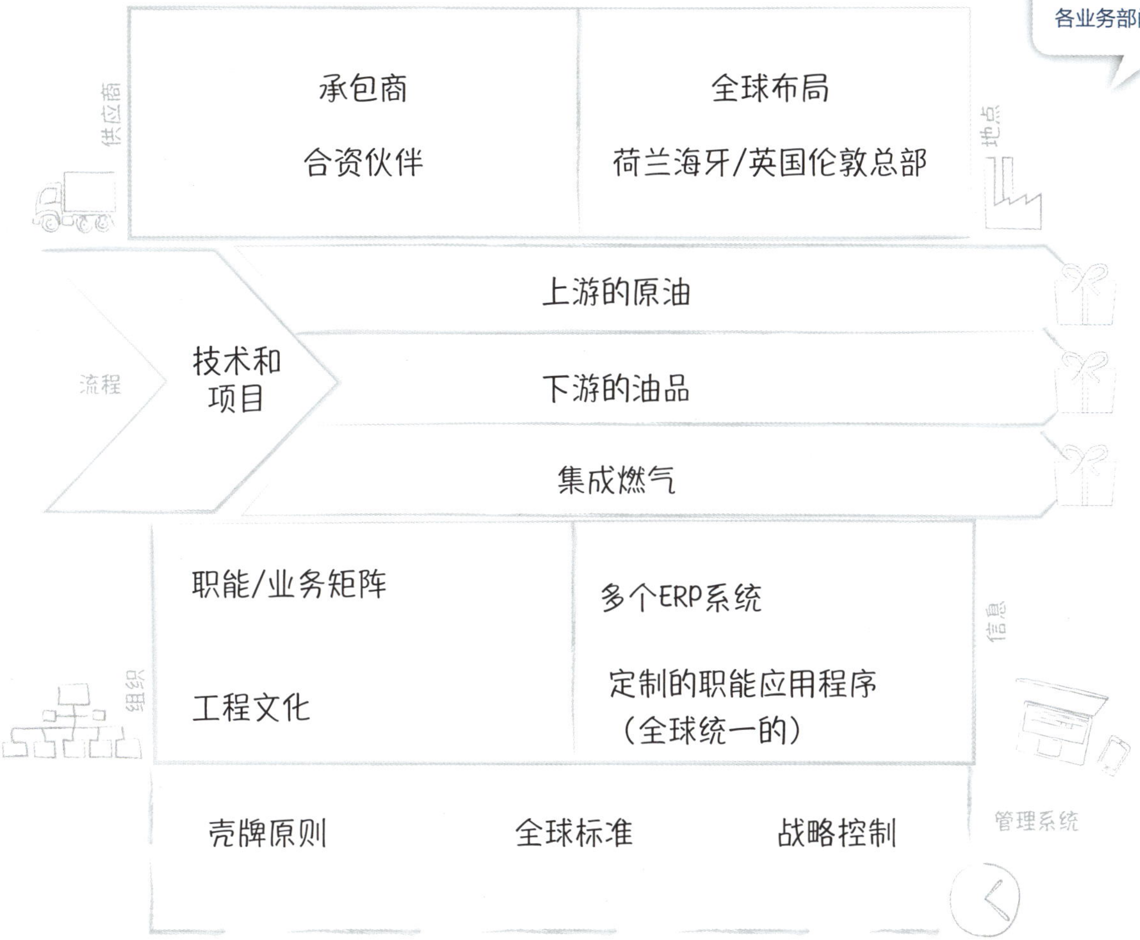

第2章

供应商

承包商	全球布局
合资伙伴	荷兰海牙/英国伦敦总部

地点

流程

技术和项目
- 上游的原油
- 下游的油品
- 集成燃气

组织

职能/业务矩阵	多个ERP系统
工程文化	定制的职能应用程序（全球统一的）

信息

| 壳牌原则 | 全球标准 | 战略控制 |

管理系统

壳牌的运营模式画布

阿什里奇高管教育商学院的运营模式画布

第2章

阿什里奇高管教育商学院（Ashridge Executive Education，下称"阿什里奇"）是美国霍特国际商学院（Hult International Business School，下称"霍特商学院"）的一部分。阿什里奇的主要业务是为高管提供课程，既有面向任何公司的公开课程，也有针对特定公司的定制课程。

阿什里奇的其他业务包括做研究，将其极具特色的建筑用于举行会议和婚礼，以及开设若干资格认证课程。它不提供MBA课程，这些课程是由霍特商学院提供的。

阿什里奇一部分是单业务组织，一部分是多业务组织，它是一个高度整合的多业务组织或一个复杂的单业务组织。

自本页写成以来，它的运营模式已经发生变化。

流程

每条产品线都有一些相似的流程，还有一些独立的流程。"客户"指的是定制课程和咨询工作的客户。"开放设计"包括对公开课程的设计。师资、教室和后台活动等诸多要素在相当大的程度上是共享的。

一个特别之处在于，阿什里奇在迪拜有一个覆盖中东地区的运营单元。这个单元作为一个独立的利润中心存在。

组织

独立的业务线对自身的利润或业绩负责，有相当大的决策权，但它们都共享相同的核心资源——师资，这是人才模型中主要的组成部分。

课程管理、销售和营销在不同程度上由各条产品线共享。阿什里奇城堡为其他业务线提供会议和酒店服务。

地点

阿什里奇城堡是一座独特的建筑，环境优美，是组织的核心资产之一。国际业务办公室（不包括迪拜）由霍特商学院提供。

信息

网站、客户关系管理数据库、教学材料数据库和接受预订的应用程序，是重要的信息资源。

供应商

霍特商学院是提供若干后台支持的供应商，如IT服务支持和一些国际业务的销售支持。助理教员是重要的教学资源。

管理系统

每年进行一次整体性的规划和预算编制。每月一次的会议足以进行相互协调和绩效管理，同时还有明确的业务关键绩效指标和师资计分卡，以确保每个教员为阿什里奇贡献价值。

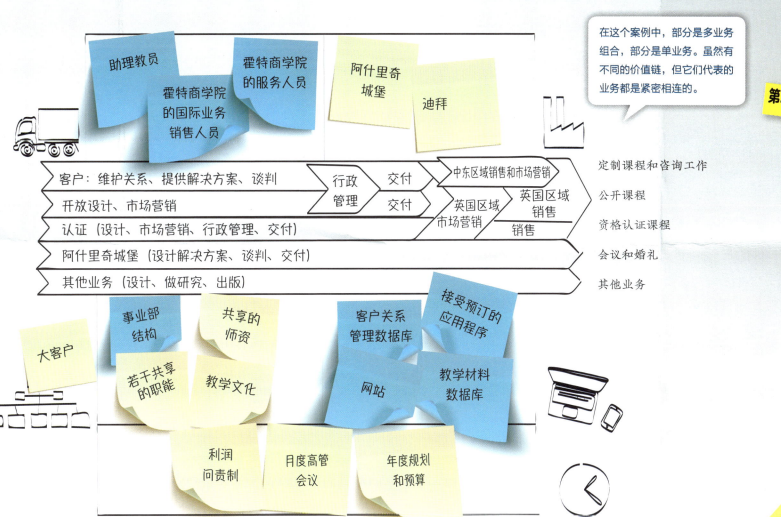

阿什里奇高管教育商学院的运营模式画布

多元化公司总部的运营模式画布

第2章

这是AIBS公司的脱敏案例，该公司位于欧洲，主要业务有采矿、石油以及航运。

这些业务属于周期性行业中的资产密集型业务。这些业务的问题是，当市场表现良好、价格上涨时，管理者热衷于扩大产能，并进行新的投资，由于在这些时候很容易获取利润，所以管理者们便更关心增加产能而不是控制成本的问题。

当衰退期到来时，管理者就会发现业务的运营成本太高，产能太高且维持起来花费高昂。

流程

公司总部参与如下治理活动，如支持董事会的工作、缴税、检查公司是否合法经营等。董事会是这些活动的主要受益者。但是公司总部的核心活动是增加价值。AIBS公司已经决定通过三种方式为其业务部门增加价值：

- 帮助它们做出更好的资金投资决策，特别是在行业周期的波峰时。
- 帮助它们控制运营成本，特别是在市场景气的时候。
- 帮助它们吸引和发展最好的管理人才。

信息

有一个公司总部层面的ERP系统，还有单独的应用程序，用来评估行业所处的周期阶段并进行人才管理。

组织

公司总部的结构是按职能划分的——财务、HR、法务等。每个职能都有不同的人才模型，并对职能政策有决定权。协调工作是通过总部委员会和跨职能团队来实现的，每一个跨职能团队负责管理一种为业务部门增值的方式。

地点

AIBS公司在荷兰阿姆斯特丹有一栋总部大楼。所有职能部门都集中在这里，以便围绕三种增值方式进行合作。

供应商

公司主要的供应商是银行，它们为投资提供资金，在衰退期，公司往往需要它们的支持。ERP系统和其他应用程序的供应商也很重要。

管理系统

执行委员会每月在总部职能部门与业务部门之间建立联系，从各业务部门收集关于总部职能部门的正式反馈。

ERP系统供应商　　银行	荷兰总部
应用程序供应商	

> 这个组织的价值主张与四个价值链相一致——对董事会来说，这意味着更好的治理结果；对各业务部门来说，这意味着更明智的投资、更低的成本和更优秀的人才。

第2章

- 治理活动（董事会及高管支持、控制、税收、法务等） — 董事会
- 帮助做出更好的资金投资决策，特别是在行业周期的波峰时
- 帮助控制运营成本，特别是在市场景气的时候 — 业务部门
- 帮助吸引和发展最好的管理人才

分权的业务部门 总部的职能架构 跨职能团队 按各职能划分的人才模型	ERP系统和其他应用程序

| 每月由总部委员会讨论总部规划和绩效表现 | 执行委员会每月对各业务部门的绩效进行回顾 | 人才的关键绩效指标和运营成本趋势，以及资金支出的投资审查 |

> 你是否注意到，多业务组织的画布与职能部门的画布，比如HR职能部门的画布很相似？

多元化公司总部的运营模式画布

某赛车运动公司的活动挂图示例

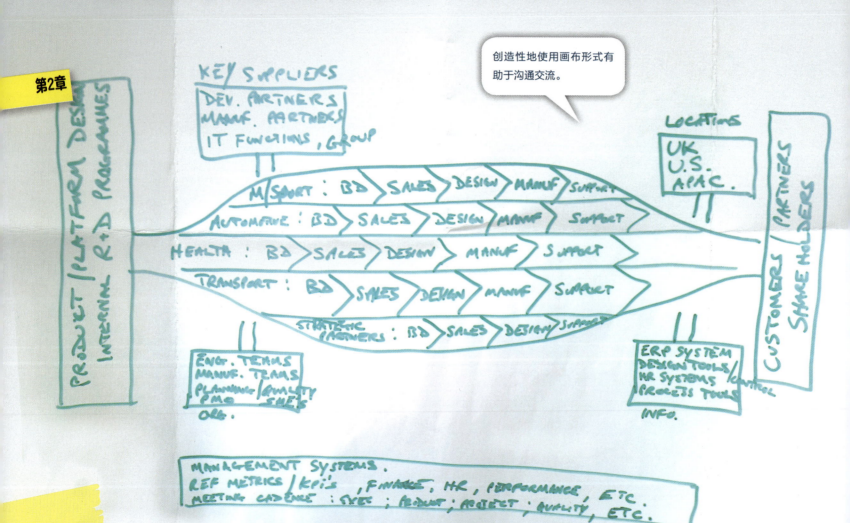

某咨询公司的活动挂图示例

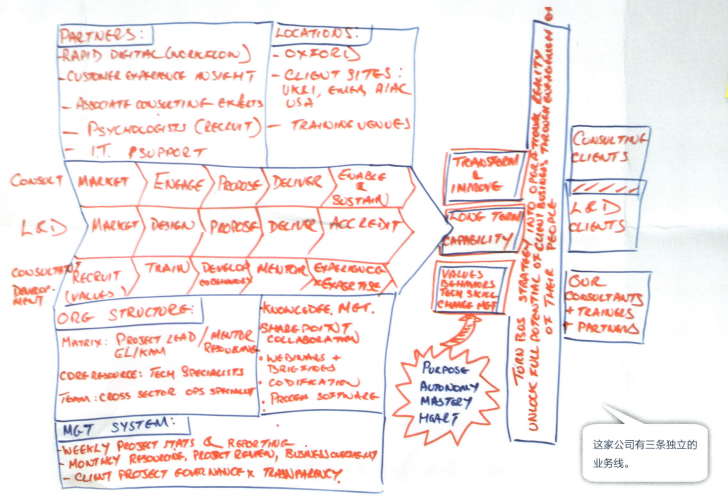

这家公司有三条独立的业务线。

第2章 公共部门案例

运营模式画布可以用来理解公共部门中组织的运作,就像商业组织一样,这些组织也为受益者创造价值,并有交付价值的流程。

以下案例展示了不同组织之间运营模式的差异,这些案例都是对当前运营模式情况的描述。

第2章

公共部门案例

资格监管机构的运营模式画布

第2章

这是一个资格监管机构的脱敏案例。在该机构所在国,政府可以决定在学校教授什么样的课程、提供何种资格认证,并评估学校的问责框架。政府还决定可以在各类学校和大学教授的教育资格,以及在学徒期使用的职业资格。

资格监管机构一要确保资格认证具有正确的标准,二要确保资格认证体系运行良好,使那些接受或信赖资格认证的人能够对其保持信心。

该机构负责监管两个细分市场:教育资格认证和职业资格认证。

流程

这两个细分市场的价值链是相似的:为资格认证制定战略和政策,为资格认证机构制定标准和指导原则,授权认证机构,监督认证机构,审核关键资格证书的颁发,并加强执法处罚。职业资格认证涉及的"审核"和"执法"环节较少。

供应商

哪些利益相关者是认证机构,哪些是客户,这并不完全清楚,个中关系很复杂。运营模式建立的假设是,主要受益者是学生、学校和大学以及企业和组织,这反过来又假设资格认证机构和学徒认证机构是供应商。

地点

该监管机构有一个主要的办公室(总部),还有若干个区域办公室,以便监督当地的认证机构。

组织

在历史上,该监管机构的大部分工作被分给三个部门——授权部门、监督部门和执法部门。运营模式形成后会有一个运营团队、一个单独的战略团队,以及一个专注于每种资格认证政策和标准的专门团队。

信息

该监管机构拥有定制的应用程序来帮助其管理独特的运营状况。

管理系统

执行委员会以年度为周期规划大部分活动,但监管战略以三年为一个周期,琐事则以特定方式处理。该监管机构设置了大量的关键绩效指标。

资格监管机构的运营模式画布

保障机构的运营模式画布

第2章

本运营模式画布是为某政府机构设计的，该机构负责管理住房保障、失业保障，以及单亲保障等其他保障的支付工作。

流程

保障申请者通常通过呼叫中心提交申请。由保障团队处理该申请，评估其有效性。随后保障团队将申请转交给当地办公室，由当地员工与申请者进行面谈，并收集更多信息。然后，申请会返给保障团队进行最终审批。待批准后，申请会转交给支付团队，由其指定银行进行支付。

供应商

国家税务局是申请者信息的重要供应商。其他重要的供应商包括帮助失业人员再就业的组织，它们的工作可以减少保障申请者的数量。保障机构从另一个政府机构获得其HR、财务和IT支持。

管理系统

整个团队一起进行月度绩效评估，以此来对明确的关键绩效指标计分卡进行监督检查。

组织

该机构的组织是一个简单的价值链结构。保障中心负责与所有类型的保障申请者打交道。这有助于建立一个单一的决策团队，向CEO报告，他重点关注成本、准确性和按时支付。除了一个卓越运营团队之外，大多数支持性活动都来自组织之外。保障团队和保障中心的员工需要不同的能力，因此价值链上的人才模型也存在重要差异。

信息

在机构内部维护和管理应用程序，以确保在升级IT系统时，系统处于整合良好的状态。

地点

该机构在所有重要的城镇都设有办公室，便于申请者到访保障中心，并确保机构对当地有一定的了解。大部分流程性工作都是在成本较低的地方完成的。

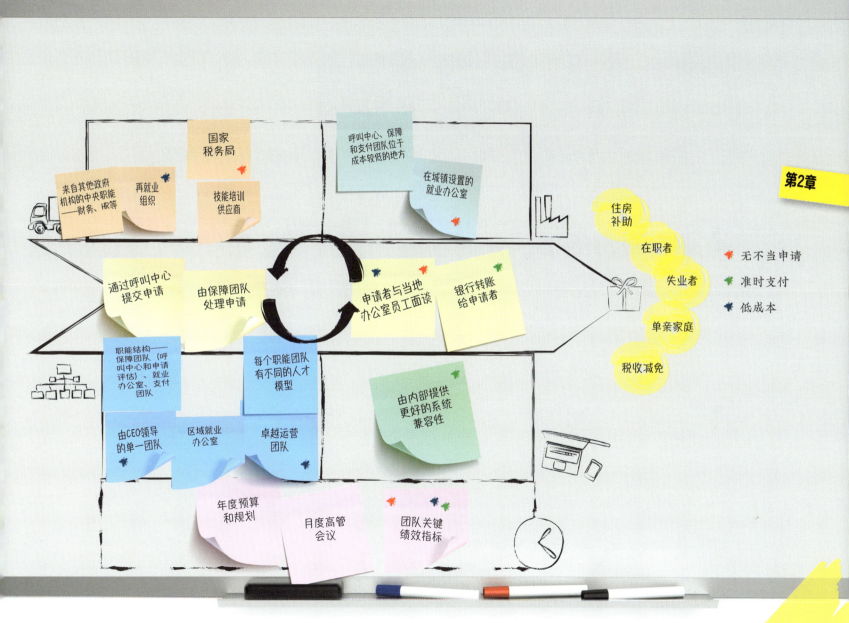

保障机构的运营模式画布

其他案例

第2章

不论是志愿者组成的临时小组，还是慈善机构等，运营模式画布都有助于理解任何这类组织的运营模式。

第2章

其他案例

DEF CON极客大会 "军需品仓库" 的

DEF CON是在美国拉斯维加斯举办的极客大会（以下简称"极客大会"）。这里只有两名受薪员工全职负责极客大会办公室的工作。该组织的其余部分由超过100名志愿者管理，每年为会议"临时组建"，会后解散。

"军需品仓库"是由志愿者管理的13个部门之一。它负责发放和管理大会其他部门所需的设备，从挂图到电脑，从吉他架到电视屏幕等。历史上，大多数设备是由会场提供的。但事实证明，自己购买并存储设备更便宜、更好。

地点

仓库需要选在卸货点附近和会场附近。理想的情况是有一个可以让志愿者牵头人来领取设备的柜台——如果没有，就建一个这样的柜台。设备是主要资产。

流程

设备被存放在一个货仓里。团队在极客大会召开前两天到达。他们的第一项任务是找一家搬运公司来运送设备托盘。同时，他们需要在另一个部门——网络运营中心的帮助下搭建办公室。每件设备都被扫描并移入两个"仓库"中的一个，然后建立条形码库存系统，军需官就准备好给志愿者牵头人发放设备了。

组织

军需品仓库的工作人员由志愿者组成，他们因活动而相聚。该组织设有一个军需官（老板）、一个装货官（负责发放设备）、三个装货的员工、三个内部联络人（帮助和跟进志愿者牵头人）和一个外部联络人（购买设备）。装货官是咖啡行家和咖啡师培训师，所以他调制的咖啡很好喝。所有团队成员都要有高度的主动性。

供应商

网络运营中心提供网络相关服务。产品部门购买极客大会所需的主要设备。调度中心让其他部门的沟通变得更通畅，其中一些部门还共享外部联络人。

信息

军需品仓库开发了基于条形码的库存系统。每间会议室、每个志愿者牵头人和每件设备都有一个条形码。

管理系统

极客大会采用的是合弄制管理模式。问题会被发布在Basecamp项目管理软件上供讨论。除非极客大会的老板杰夫·莫斯（Jeff Moss）干预，否则每个部门在其领域都有最终决定权。

军需品仓库在每天结束时都会追回未按时归还的设备。

所有部门在大会召开前六个月共同进行计划，期间无其他会议。事实证明，部门之间的沟通较少、自主性较强，效率会更高。

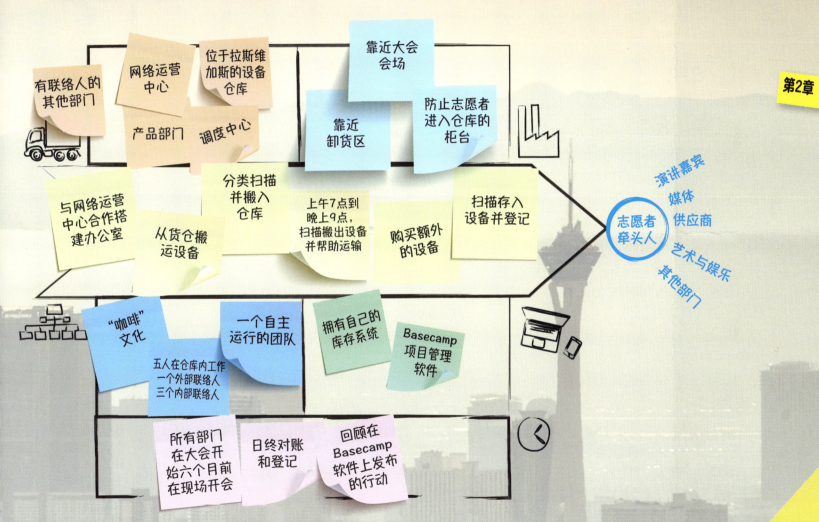

纸板公民剧团的运营模式画布

第2章

纸板公民剧团（Cardboard Citizens）是一家慈善机构，25年来一直与无家可归者一起，为他们创作改变生活的戏剧。它擅长即兴的"论坛剧场"。这家总部设在伦敦的慈善机构"演绎的故事帮助表演者掌控他们的生活"。表演戏剧的位置包括街头、旅舍、流浪者收容所、监狱，甚至传统舞台。

通过成为演员或观众，这些无家可归者得到鼓励和支持去寻求帮助、获得资格证书、参加工作，并对他们在社会中的价值重拾信心。

流程

纸板公民剧团有三个大的价值链——开展戏剧表演、活动和研讨会；提供建议和指导；培训演员和戏剧支持者。一些活动会直接筹集到资金，剧团也会通过其他方式筹集资金。

供应商

纸板公民剧团有赖于大量的供应商，包括资金赞助人、志愿者，经营旅舍、监狱和剧院的组织，以及捐助者。还有专业演员和知名人士，如凯特·温斯莱特（Kate Winslet）和凯特·坦皮斯特（Kate Tempest），她们也支持该慈善机构。

地点

主要的办公室在伦敦白教堂区（Whitechapel）。但该慈善机构的大部分工作是在英国各地的城镇和城市开展的：在街头、流浪者收容所，甚至在监狱。

组织

该组织的结构简单，向CEO报告，而CEO又向董事会报告。有一个发展部门负责筹集资金；一个项目团队负责组织演出；一个培训团队负责为流浪者、弱势年轻人提供戏剧培训，也为相关组织提供发展方面的培训；还有一个咨询团队，负责提供住房、福利制度和就业/培训机会方面的指导。

信息

该组织没有特别的应用程序，沟通主要靠面对面接触进行。

管理系统

成功是通过对真实情况的描述以及关键绩效指标来衡量的，如观众人数、研讨会参与度、接受建议和培训的人数以及财务稳健性。董事会会议会提供一个工作节奏，管理过程围绕这个节奏展开。由于只有13名员工，组织的内部会议通常是全体人员参加的。

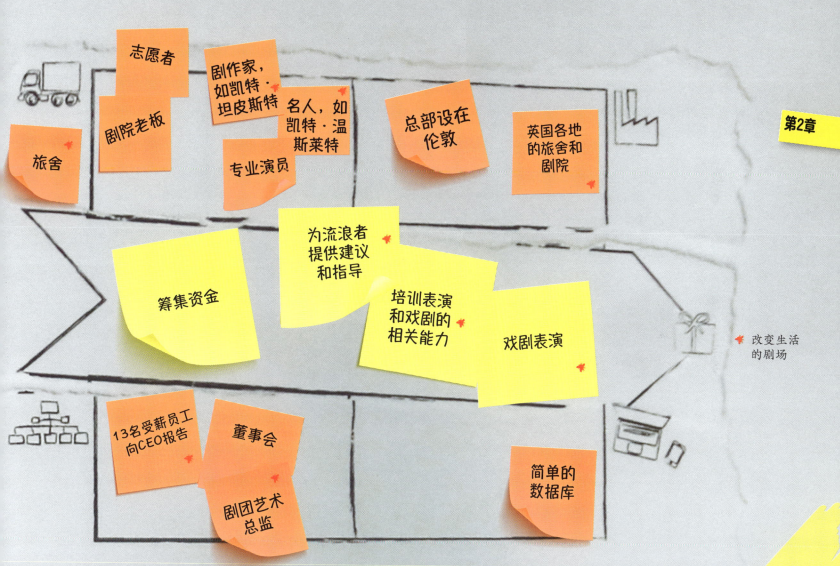

纸板公民剧团的运营模式画布

战略管理中心的运营模式画布

第2章

战略管理中心（Strategic Management Centre）研究商业战略，旨在完善理论，并帮助公司更好地经营。

该中心设在伦敦，中心的总监均为麦肯锡咨询公司或波士顿咨询公司的前顾问，负责领导研究项目，教授高管人员课程，并与一批会员公司进行互动。

该中心的价值主张是：研究"更好、更实用的理论"，开发"高质量"课程，为会员公司提供"能力建设"服务。其收入来自会员公司和参加课程的学员。

流程

该中心有三个价值链。研究价值链包括确定管理问题、设计研究方法、完成研究、发表研究成果和教授研究结论。教学价值链包括确定需求、设计课程、管理课程、交付课程和跟进。会员公司价值链包括招募会员公司、举办研讨会、举办社交活动和响应需求。

信息

只需要简单的办公系统，如微软Office软件。

地点

该中心位于伦敦，便于与领先公司的管理者联系，他们经常在伦敦办公或途经伦敦。

组织

每位总监负责领导或支持一个研究项目，领导或教授一门高管课程，并负责一个或多个会员公司。该中心有一个小型的行政人员团队。

供应商

供应商包括教授课程或支持研究项目的副教授、为高管课程提供场地和部分市场营销工作的商学院、出版该中心撰写的图书的出版商，以及发表文章的杂志和期刊编辑。

管理系统

该中心有一个聚焦于绩效和行政事务的总监会议，以及一个评审和检查研究项目进展的研究会议。

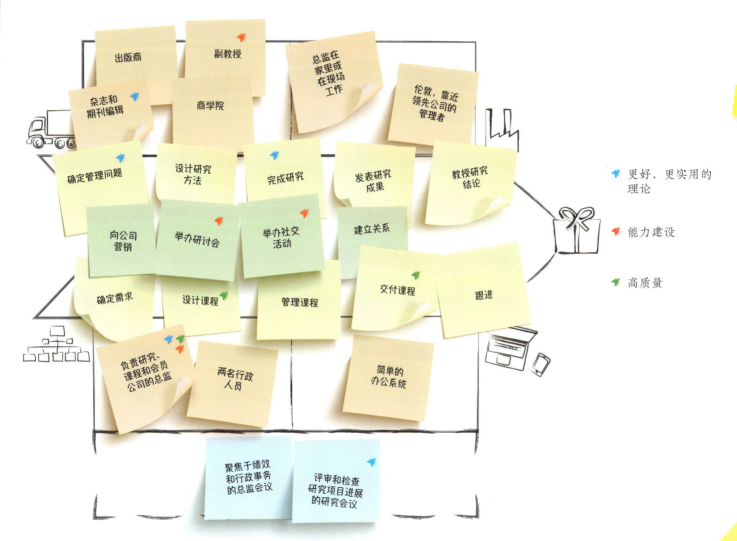

第3章

运营模式工具箱

第3章

5个核心工具 96
98　价值链地图
100　组织模型
102　地点分布图
104　IT蓝图
106　供应商矩阵

13个辅助工具 108
110　利益相关者地图
112　人才模型
114　决策网格
116　流程责任人网格
118　管理日历
120　计分卡
122　能力地图
124　逻辑图
125　活动系统图
126　客户旅程地图
127　SIPOC模型
128　罗斯模型
129　全球化矩阵

业务架构 130
评估运营模式 132

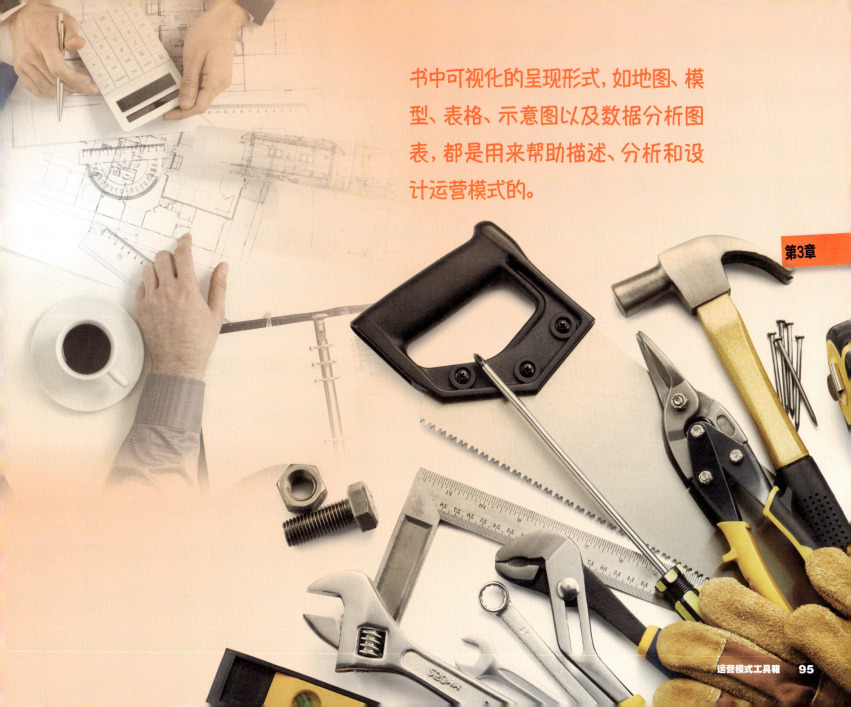

书中可视化的呈现形式,如地图、模型、表格、示意图以及数据分析图表,都是用来帮助描述、分析和设计运营模式的。

第3章

运营模式工具箱

5个核心工具

我们发现以下这些地图或图表是在实际工作中大有用处的工具,既可用于分析情势,又可用于沟通解决方案。我们并不想让这个清单看上去很教条或无所不包,我们选择工具的原则是要对大家有所帮助。我们将这些地图和图表分为"核心工具"和"辅助工具"。我们相信这些核心工具很容易使用,它们为广大受众,特别是从事运营工作的高级经理还有高管所乐于接受。一些辅助工具不太适合高管,但仍然是有用的。

"核心工具" 与运营模式画布的 5个核心部分相匹配。

"辅助工具" 是大家认为有用的额外的地图以及图表。

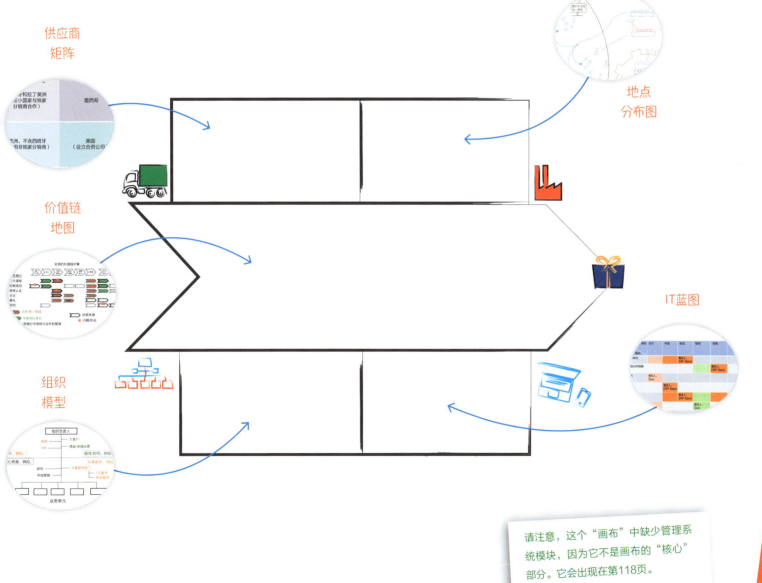

请注意，这个"画布"中缺少管理系统模块，因为它不是画布的"核心"部分。它会出现在第118页。

价值链地图

价值链地图展示了创造和交付价值的运营流程,它是运营模式的核心——也就是画布中间的箭头。

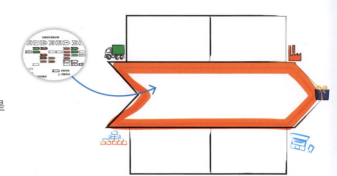

阿什里奇高管教育商学院

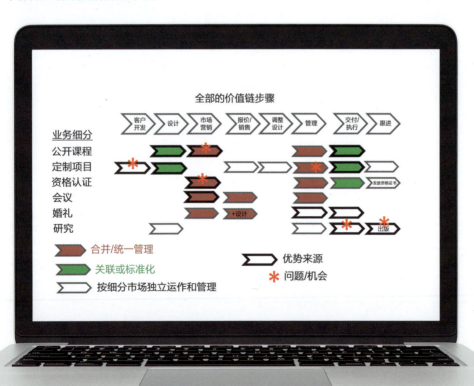

创建一张高质量的价值链地图并非易事:
→ 因为难以找到对某个组织的客户/产品或服务进行细分的最佳方式。
→ 因为难以确定划分不同流程步骤的最佳方式。
→ 因为它可能错综复杂。

但是,根据我们的经验,高质量的价值链地图是强大的分析和沟通工具。

有许多方法来划分价值链,行之有效的方式是尝试多种方法和多个层级来测试可选项。典型的划分方式有:
→ 按客户类型划分。
→ 按客户需求划分。
→ 按地理区域划分。
→ 按产品或服务划分。
→ 按技术划分。

登录www.operatingmodelcanvas.com 获取更多有关价值链地图的信息。

定义细分客户群之后,就要把每个细分客户群的价值链分解为4~8个流程步骤。如果流程步骤相似,则归为一栏。这样做后,每一列一目了然,然后要问3个问题:

→ 是否因为细分客户群的需求差异很大,需要该列中的流程步骤保持独立,以便为该细分客户群量身定制解决方案和相应技能?
→ 是否存在明显的规模效应或其他原因,可以表明该栏中的流程步骤应合并成一个单元?
→ 是否有机会通过纵向连接这一栏中的流程步骤来节约成本或改善客户服务?

这些判断为之后组织以及运营模式其他部分的决策提供参考。

资格监管机构两类资格认证业务的价值链地图

组织模型

组织结构图（Organization Chart）很常见，它为组织提供了有用的视觉指南。但对于组织如何运作，组织结构图并不能提供更多信息。"组织模型"是一种区分"运营性工作"和"支持性工作"的方法，它可以阐明支持性职能和运营单元之间的关系。通过这种方式，组织模型也展示了向同一位上级汇报的所有人是如何共事的。

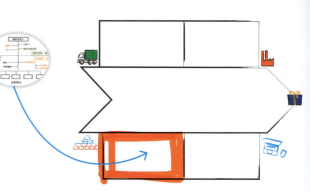

典型的大型企业中，根据业务单元设置的组织结构

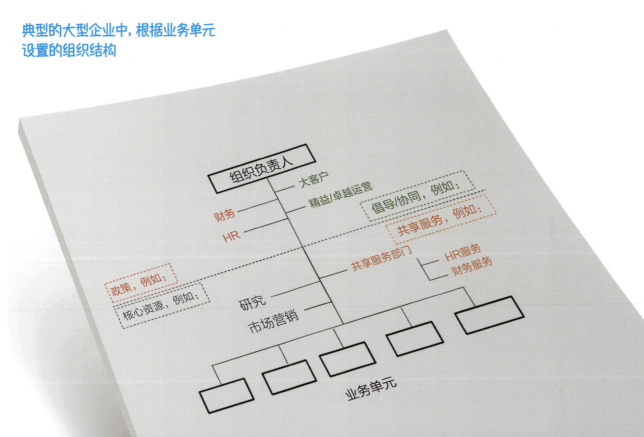

登录www.operatingmodelcanvas.com
获取更多有关组织模型的信息。

支持性工作的4种类型

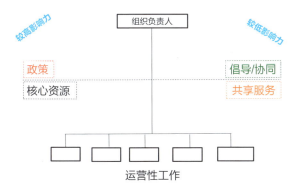

运营性工作的3种结构

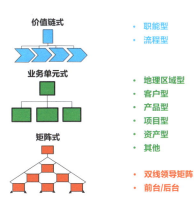

其实我们可以为组织结构中的每一层级创建一个组织模型，它是一种团队合作模式，用来描述组织中向同一位上级汇报的所有人的工作模式。组织模型中的角色划分为**运营性工作**（为向团队的目标客户或受益者交付价值所需完成的工作）和**支持性工作**（为支持那些运营人员所需完成的工作）。

运营性工作可以有3种结构（见图示）：

→ 一个由多个职能组成的**价值链**，各职能需要紧密合作来交付价值。

→ 多个**业务单元**组合（比如典型的大公司中的结构），每个单元为不同的细分客户群交付不同的价值。

→ 多个单元组成的**矩阵**，每个单元只有与其他单元紧密合作才能获得成功。

支持性工作可以是以下4种类型：政策类、倡导/协同类、共享服务类和核心资源类。每种类型与运营单元都有不同的关系。"**政策类**"制定规则并管理规则。"**倡导/协同类**"推广好想法和更好的工作方式，但没有权力。"**共享服务类**"按客户/供应商关系（为运营性工作）提供服务。"**核心资源类**"是指作为运营单元的合作伙伴，为它们提供资源以及其他输入。

地点分布图

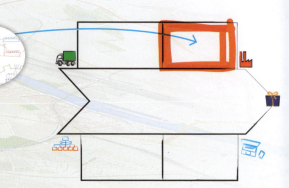

许多组织在其网站上、前台的墙上或高管的办公室里都有地点分布图。这通常标志着这家组织十分国际化，或者业务分布广泛。但这些地图更有建设性意义的地方在于：展现每个地点的作用、它们之间的若干重要连接，以及重要资产分布的地理位置和原因。

镀锌钢材的全球供应商

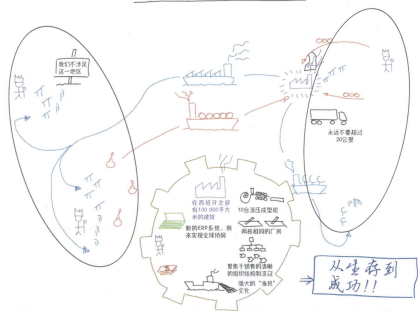

思考地点时使用的利益相关者框架

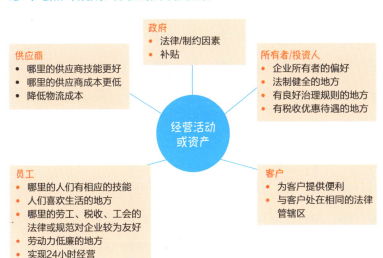

架构层面的工厂平面图

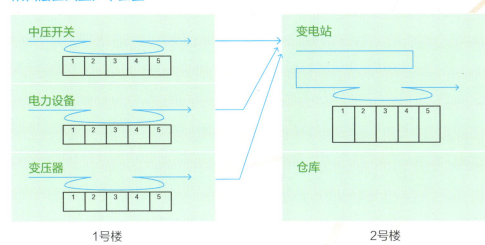

登录www.operatingmodelcanvas.com
获取更多有关地点分布图的信息。

地点分布图应包括什么，没有固定的规则。因此，在找到能捕捉有用信息且易于理解的方法之前，你要准备尝试3~4种方式来运用这一可视化工具。注意，别在地点分布图中添加太多的信息，但可以包括以下任何一项：

→ 所有工厂、办公室、仓库、数据库、知识产权归属等的位置。
→ 主要供应商、主要客户以及主要运营部分之间的运输线路。
→ 法律实体或业务单元所覆盖的区域。
→ 如果只在一处地点运营，那么要考虑到楼层布局，布局要反映出运营的不同部分以及它们之间的连接方式。

请记住，关于建筑物的平面布局以及把哪项活动放在办公楼的哪一层的决策，都是有关地点的决策。

IT蓝图

IT是几乎所有现代组织的重要组成部分，它不但可以横跨日常职能和地点界限进行信息的共享和沟通，而且有助于实现流程自动化。一个架构层面的IT蓝图（IT Blueprint）是这样创建的：将价值链地图的流程步骤放在表格顶部，而组织单元则放在表格侧栏中，然后在形成的表格中标明企业必要的IT应用、应用的责任人，以及哪些应用需要集成整合到企业系统中。

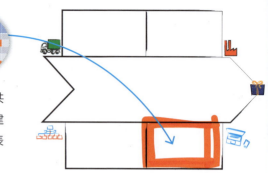

生产型企业

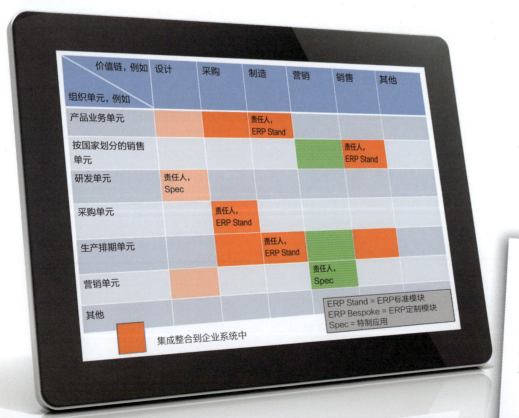

什么是IT蓝图？IT蓝图一词已广泛用于一系列场景，它借用建筑蓝图来做比喻。IT蓝图通常展示了IT应用、硬件和通信管道的架构。此处该术语的使用是基于架构层面的，事实上，它只是通过可视化的方式呈现IT系统的设计原则。然而，这一步骤至关重要，组织会从架构层面的讨论中获益。

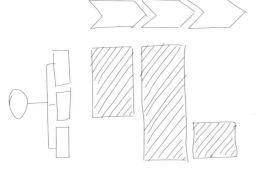

创建表格:将价值链地图的流程步骤放在表格顶部,将组织单元放在表格侧栏中,形成的表格表示哪些组织单元参与了哪些流程。

针对每个流程,需要标明流程中使用的软件和应用程序,它们是否需要集成整合到企业系统中(用不同颜色表示),以及哪个组织单元是"业务责任人"。"业务责任人"很可能同时也是"流程责任人"(详见第116页的流程责任人网格)。

如果应用程序不用集成整合到企业系统中,业务责任人可以决定是采用ERP标准模块还是定制模块。

如果应用程序需要集成整合,业务责任人需要决定是使用享有声誉的供应商的标准模块,还是进行模块定制以适应公司的特殊需求。基于云服务的"SaaS"系统让定制应用程序与其他供应商应用程序的互联互通变得更加容易,但是所面临的决策选项仍然是一样的:采用"标准"模块还是"定制"模块。在这里,一个有用的经验法则是,只有当流程是组织卓越或竞争优势的来源时,才允许定制应用程序。

登录www.operatingmodelcanvas.com获取更多有关IT蓝图的信息。

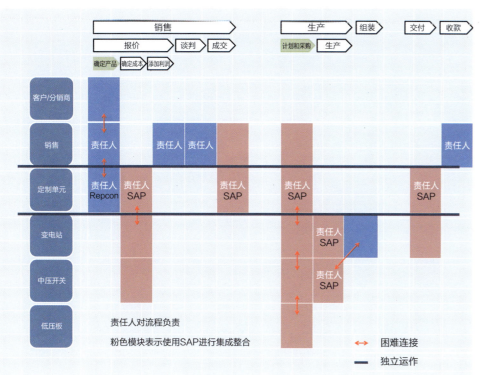

105

供应商矩阵

大多数组织有赖于供应商提供原材料和许多其他输入。幸运的是，有成熟市场可提供大部分的供给，因此组织有机会与大多数供应商建立起"交易"关系，但有时候组织也需要和供应商建立"合作"关系，这个矩阵有助于组织判断应该建立何种关系。

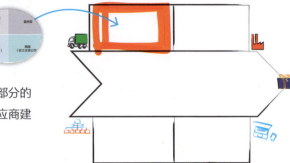

某设备生产企业的销售职能

	否 — 这在价值交付的过程中是关键业务吗? — 是	
更好 ↑ 我们和别人比有多好? ↓ **更差**	如果不分散精力，则我们来做 **西班牙和拉丁美洲** （在小国家与独家分销商合作）	我们来做 **墨西哥**
	欧洲，不含西班牙 （使用非独家分销商） 外包	**美国** （设立合资公司） 设计合作协议

登录www.operatingmodelcanvas.com
获取更多有关供应商矩阵的信息。

供应商矩阵解释了为什么某些活动要"外包",而另一些活动要在企业内部完成。它还界定了哪些外部供应商需要作为业务伙伴来与其建立合作关系,而哪些只需要维系交易关系。这些都是架构层面的判断,将指导应用层面的具体工作。

供应商矩阵可用于思考组织与所有供应商的关系;或某一职能如何与供应商合作,如上一页显示的销售职能;或某一特定交易,如本页显示的内容。

例如,某公司想要定制的产品需要配置定制软件来实现,那么该定制软件将是公司的优势来源,并且公司不希望开发者为竞争对手创建同样的解决方案。所以,该公司在合作协议中会限制开发者为竞争对手服务,还会让开发者为这一软件的成功共同努力。

又如,一家公司在品牌战略方面寻求帮助,它应与对方建立一种包含限制条件和利益的合作关系,还是建立一种单纯的服务交易关系?

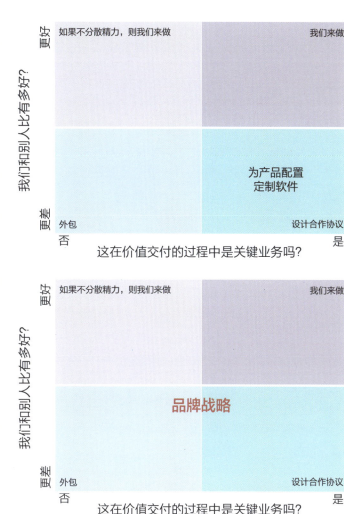

第3章

13个辅助工具

这13个地图或图表式辅助工具在很多运营模式项目中都很有用。

→ **利益相关者地图**有助于界定正在设计的组织的边界，也有助于创建变革计划。

→ **人才模型**有助于将人员问题摆到台面上，在创建新的能力时尤其有帮助。

→ **决策网格**澄清了如何做出重要决策。

→ **流程责任人网格**展示了组织如何管理核心运营流程。

→ **管理日历**展示了管理会议的节奏，以及保证组织正常运行的必要流程。

→ **计分卡**是管理者用来评估他们是否处于正轨的工具。

→ **能力地图**是描述组织所从事的工作的框架，通常在做企业和业务架构时会用到。

→ **逻辑图**展示了业务的逻辑关联。

→ **活动系统图**展示了组织主要活动之间的联系。

→ **客户旅程地图**展示了客户获取和消费产品或服务的过程。

→ **SIPOC模型**是在更大的组织系统中了解流程运作的工具。

→ **罗斯模型**是从整合程度和标准化程度两个维度对组织进行分类的工具。

→ **全球化矩阵**是从整合力度和响应力度两个维度对组织进行分类的工具。

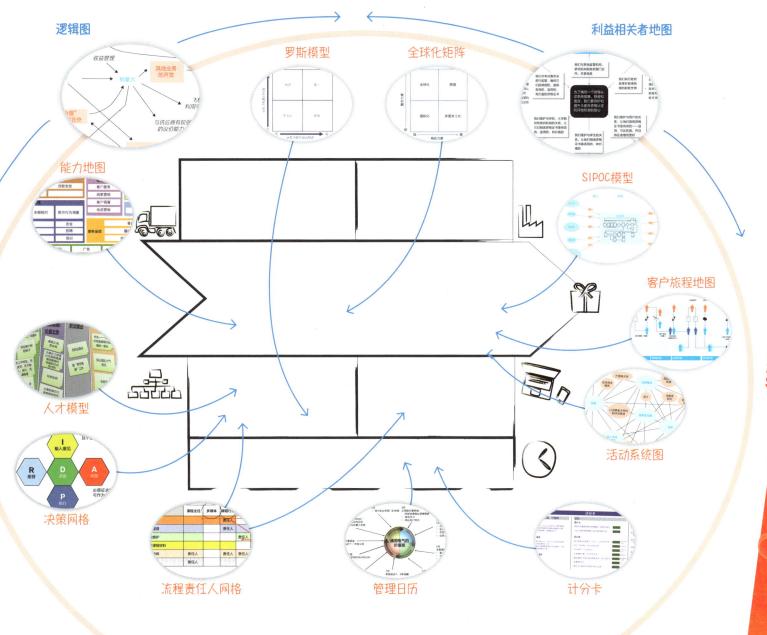

利益相关者地图

利益相关者地图有助于定义所在组织，我们正在为其开发运营模式。利益相关者地图可以帮助我们澄清将哪些活动内容设计在运营范围内，哪些在运营边界外，它还有助于界定组织之外那些可能参与到运营过程中的群体以及受其变化影响的群体。

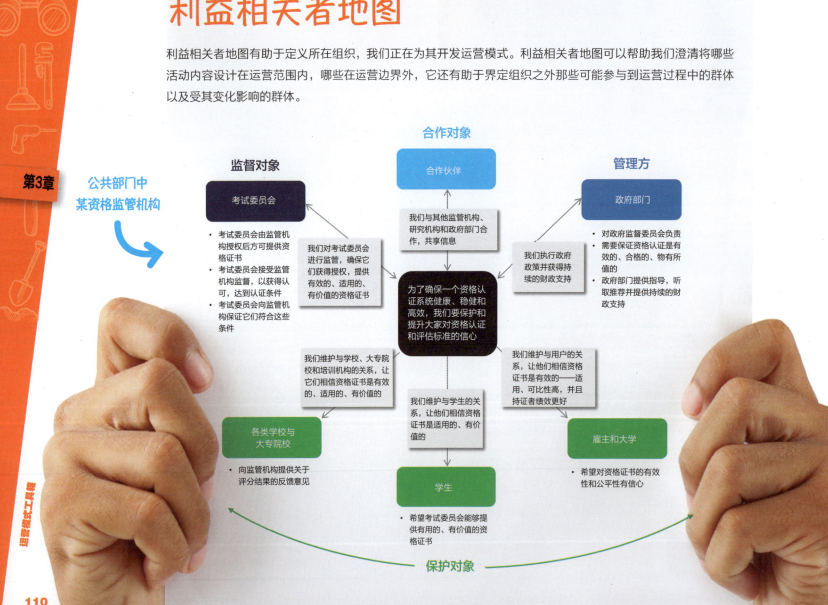

在线零售商IT职能部门的利益相关者

运营模式的工作不仅集中在运营系统内部，它还关注与每个利益相关者的协议和关系，但它不会涉及利益相关者自身的运营模式。当然，运营模式的改变很可能要求利益相关者也改变其运营模式，以便与重新设计后的组织进行相应互动。例如，转向自助服务的组织需要顾客改变他们之前的行为。

当为组织内的一个部门或业务单元设计运营模式时，一张良好的利益相关者地图是确定项目范围的重要部分。

为超市自有品牌提供产品的供应商

创建利益相关者地图没有什么特别的规则。

通常情况下，可以从确定最重要的利益相关者和最有可能受到运营模式工作影响的利益相关者开始。

以下简单的问题有助于确定所有息息相关的利益相关者：

1. 谁是客户或受益者？
2. 谁会提供供给或输入？
3. 谁在该组织中工作/谁为该组织工作？
4. 谁是该组织的所有者/谁对该组织有控制权？
5. 谁关注组织的成功？

对于每类利益相关者，考虑他们从组织中获得的价值和他们的贡献。

登录www.operatingmodelcanvas.com
获取更多有关利益相关者地图的信息。

人才模型

人才模型描述了每个重要技能项所对应的人员特征（人才画像）、吸引和驱动这些人员的激励措施、确保人员流动性的职业路径或招聘策略，以及吸引和指导这些人员的文化。

马克华纳度假公司 (Mark Warner) 的季节性员工

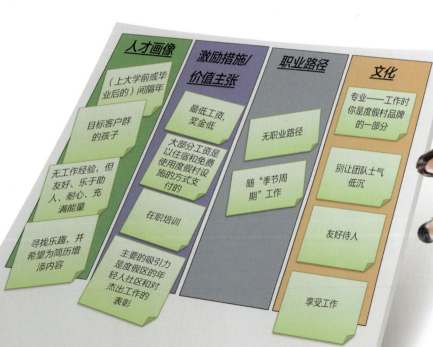

马克华纳度假公司的人才模型因为不同寻常所以很有趣。该公司是一家针对中产阶级家庭的度假公司，在欧洲经营滑雪木屋和夏令营。

上一页展示的是他们季节性员工的人才模型。该公司招聘的年轻人通常没有任何服务经验。这些年轻人，特别是来自英国的年轻人，在上人学前或毕业后会有一个间隔年。为符合最低工资法的标准，公司每周支付少量现金（比零花钱多一点），其余部分则以住宿、食物和免费使用设施的方式支付。雇员的合同期为一个季度，可以免费乘坐飞机往返度假村（除非他们没有履行合同）。

培训是在职的。没有职业路径，因为大多数员工要回去上学。

这份工作主要的吸引力是度假区所在地，以及在休息时间和节假日使用设施的机会，还有年龄相仿的年轻人组成的社区。

登录www.operatingmodelcanvas.com
获取更多有关人才模型的信息。

人才模型：需要考虑的类别

人才画像	激励措施/价值主张	职业路径	文化
合同	使命	任职前	行为标准
地点	自由度	……	……
教育	培训		
技能	职业路径	在岗中	
工作经验	工资	……	
所处阶段	奖金		
个性	福利	离职后	
动机	……	……	
……			

正如马克华纳度假公司的示例，每个人才模型都可能是独一无二的。上图列出了设计或分析人才模型时需要考虑的细分事项。下图是对马克华纳度假公司人才模型的分析。

马克华纳度假公司季节性员工的人才模型

人才画像	激励措施/价值主张	职业路径	文化
合同：*短期*	使命：*无*	任职前：*上学*	行为标准*别让团队士气低沉**友好待人**享受工作*
地点：*任何地点*	自由度：*低*		
教育：*打算上大学*	培训：*在职培训*	在岗中：*无*	
技能：*无*	职业路径：*无*		
工作经验：*无*	工资：*低*		
所处阶段：*间隔年*	奖金：*低*	离职后：*上学或开始工作*	
个性：*友好*	福利：*使用设施，年轻人社区*		
动机：*寻找乐趣*	……		
……			

第3章

决策网格

决策网格展示了在重要决策中，每位高级管理者所扮演的角色。在网格的纵向上列出需要决策的清单，在横向上列出职位（来自组织结构图）。在纵横交汇处的方框内填入字母，表示在某一特定决策上，处在该职位的管理者所扮演的角色。

多业务单元的消费品公司

决策清单	CEO	HR	市场	财务	业务单元管理层	业务单元销售
销售目标					D	R/P
新客户定价			DA			
市场营销预算			R/P	D	A	I
产品功能			D			I
薪资结构		D/P		A		
业务单元团队的任命	A	I		I	D/P	
库存水平				A	A	I
其他						

我们采用RAPID框架：R表示"**推荐**"（Recommend），A表示"**同意**"（Agree），P表示"**执行**"（Perform），I表示"**输入意见**"（Input），以及D表示"**决定**"（Decide）。这里的重点是，"D"类决策清晰明确，最好不要与其他部门共享：单一决策人应该对应单个"D"类决策。如果只有个别"A"类决策，这也很好，因为使用"A"类决策，只是为了满足法律或管理方面的管控需要。"P"类决策对应的是那些必须要做相应的事情以落实决策的人。"R"类决策对应的是那些发表观点，但没有决定权的人。

RAPID和RASCI的比较

	RAPID	RASCI
推荐	R	–
决定/批准	D	A
授权	A?	A?
有否决权的输入意见	A	A?
无否决权的输入意见	I	C
履行/执行	P	R
支持执行	–	S
知情	–	I

RAPID

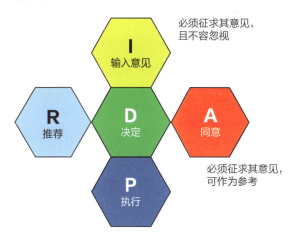

也有采用其他框架的。**RACI**框架应用广泛：各字母分别代表**负责**（Responsible）、**批准**（Accountable）、**咨询**（Consult）、**知情**（Inform）。**RACSI**框架增加了一个**支持**（Support）的角色。你也可以发明你自己的字母框架。鲁珀特·莫里森（Rupert Morrison）是《数据驱动的组织设计》（Data-Driven Organization Design）一书的作者，他使用RAS代表负责（Responsible）、批准（Accountable）、支持（Support）。

登录www.operatingmodelcanvas.com 获取更多有关决策网格的信息。

流程责任人网格

流程责任人网格是决策网格的一种形式,其重点在于核心运营流程。生成流程责任人网格的方法如下:将主要流程(来自价值链地图)放在网格的左侧,沿着网格首行列出组织结构图中的单元。对于每段流程,用相应的颜色来表示哪些组织单元会参与其中,然后确定该流程的"责任人"或"责任人组"。

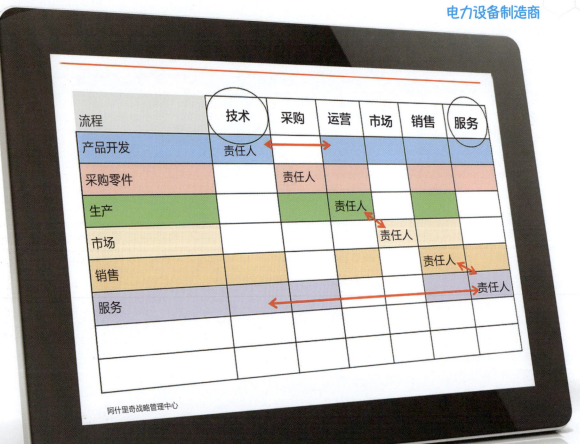

电力设备制造商

在架构层面的设计过程中需要明确的是，谁来负责对主要的跨组织单元的流程进行决策。换句话说，谁来确保该流程与组织的宗旨相适应，并在需要时发起变革。此人或此类人也将负责为该流程进行更详细的设计。因此，流程责任人网格为那些跨越组织单元边界的流程明确了接下来的设计责任。

流程责任人网格上色后，可显示出每个流程涉及哪些组织单元。对于流程责任的划分，有两种选择：

1. 流程由所涉及的某个单元负责。
2. 流程分解细化为子流程，不同单元负责不同子流程。

从公司政治的角度看，第二种选择是最简单易行的，每个单元可以只对它所参与的那部分流程负责。但是，只有当子流程通过"简单"的交接机制连接时，这才是最好的选择。"简单"的交接机制是指流程的"接收"单元可以向"交付"单元指定其所需的东西，并评估是否得到了它想要的东西。这种情况是很罕见的。通常情况下，交接机制是错综复杂的，需要各单元之间有互动沟通，才能达到最佳效果。

流程责任人网格还有两个用途：突出存在"困难连接"和"专业文化"的流程。

当参与某个流程的两个或更多单元发现难以很好地合作时，就会存在"困难连接"。当这些单元有相互冲突的目标时，就会发生这种情况，比如，制造部门希望实现低成本的结果，而营销部门则希望获得量身定制的解决方案。"困难连接"也可能因其他原因而发生，例如，当经理们不和时。在图表中为每个"困难连接"标上一个红色箭头。

为了发挥专业技能，通常需要有"专业文化"。如果某个单元需要有不同于流程中其他单元的文化，就把这个单元圈起来，表明它需要一些"保护"，避免受其他单元的影响。

开办课程的流程

流程	课程主任	多媒体	课程行政	场地	师资
教材制作			责任人		
课程管理			责任人		
教室维护				责任人	
开发课程材料					责任人
学员旅程	责任人		责任人	责任人	
课程交付	责任人				

登录www.operatingmodelcanvas.com
获取更多有关流程责任人网格的信息。

管理日历

管理日历记录年度或周期性的会议、流程规划、目标和绩效回顾的安排,用于确定方向、做出决策和监测进展。该日历包括确定优先事项和贯彻执行的流程,比如下面通用电气的例子。它还包括持续改进的流程。

聚焦企业重大举措的管理日历

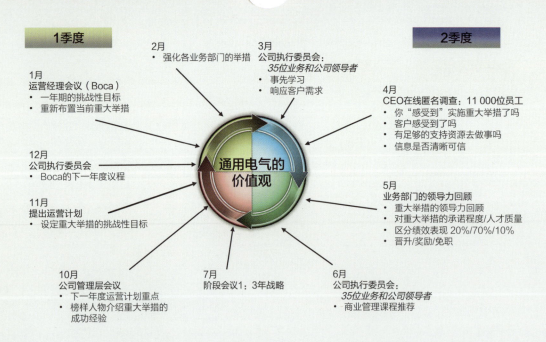

1季度

2月
- 强化各业务部门的举措

3月
公司执行委员会:
35位业务和公司领导者
- 事先学习
- 响应客户需求

1月
运营经理会议(Boca)
- 一年期的挑战性目标
- 重新布置当前重大举措

12月
公司执行委员会
- Boca的下一年度议程

11月
提出运营计划
- 设定重大举措的挑战性目标

10月
公司管理层会议
- 下一年度运营计划重点
- 榜样人物介绍重大举措的成功经验

通用电气的价值观

2季度

4月
CEO在线匿名调查:11 000位员工
- 你"感受到"实施重大举措了吗
- 客户感受到了吗
- 有足够的支持资源去做事吗
- 信息是否清晰可信

5月
业务部门的领导力回顾
- 重大举措的领导力回顾
- 对重大举措的承诺程度/人才质量
- 区分绩效表现 20%/70%/10%
- 晋升/奖励/免职

6月
公司执行委员会:
35位业务和公司领导者
- 商业管理课程推荐

7月
阶段会议1:3年战略

可视化的管理日历并没有固定的格式。

通常情况下,可视化的管理日历是以时钟或圆圈的形式呈现的,但它也能以表格的形式呈现,这样看起来更像项目计划(如下图)。

管理系统	1月	2月	3月	4月	5月	6月	7月	8月	9月	10月	11月	12月
董事会(B)/执行委员会(EC)	EC	EC B	EC	EC B	EC	EC B	EC		EC B	EC	EC B	EC B
战略规划				*		—		*				*
预算编制和目标设定								*	—	—	—	*
绩效监控(P)	P	P	P	P	P	P	P	P	P	P	P	P
人才盘点			—	*								
主要项目回顾(MP)	MP	MP	MP	MP	MP	MP	MP	MP	MP	MP	MP	MP
持续改进												

> 登录 www.operatingmodelcanvas.com
> 获取更多有关管理日历的信息。

管理日历应该包括哪些内容?

1. 重要会议的年度时间表,如董事会/执行委员会会议。
2. 战略规划流程,包括基于战略回顾主要项目和制定新战略。
3. 预算编制和目标设定流程,通常是一个年度流程。
4. 绩效监控和业务运营指导流程,通常是月度会议。
5. 人才盘点流程,评估员工、他们的发展需要以及职业路径。
6. 业务运营决策和对齐流程,通常是每月或每周一次的高管会议。
7. 持续改进流程,通常是由一个总部团队来审查运营流程。

计分卡

计分卡是绩效管理的一部分,但它的作用远大于此,它以目标的形式对战略进行总体性陈述,是一种管理变革的工具,也是确保组织的所有组件协同工作的黏合剂。

计分卡通常包含若干战略陈述、主要项目的清单和最重要的关键绩效指标(KPI)。

变压器制造商

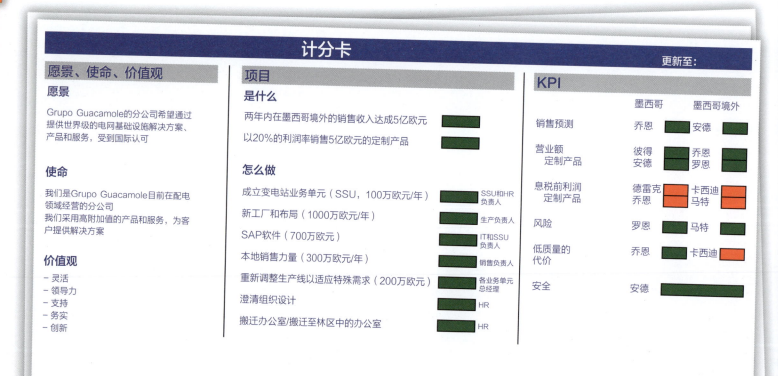

主要项目或创新实验的清单。这些项目将组织从目前的状态转变为期待的理想状态,创新实验则会验证战略或否定战略,项目或实验可以是短期的(三个月)或长期的(三年)。颜色标识可以基于定量以及定性的数据来设置。

评估组织是否成功的主要KPI。理想情况下,组织中的每个主要单元都应该有KPI,所以以KPI和组织模型之间有一定的联系。标记哪种颜色要根据图表的衡量标准判断。

对战略的总结性陈述。

项目由与战略目标相关的"是什么"和由运营模式驱动的"怎么做"两部分组成。

平衡计分卡

平衡计分卡由罗伯特·卡普兰(Robert Kaplan)和大卫·诺顿(David Norton)提出,它是一种绩效框架,在传统的财务指标基础上增加了战略性的非财务绩效指标,使经理和高管们对组织绩效有了更"平衡"的看法。虽然"平衡计分卡"一词是在20世纪90年代初提出的,但其根源可以追溯到20世纪50年代通用电气公司的开创性工作,以及法国流程工程师在20世纪初的工作(他们发明了Tableau de Bord——字面意思就是"仪表盘")。

登录www.operatingmodelcanvas.com 获取更多有关计分卡的信息。

第3章

能力地图

能力地图是IT界常见的可视化工具，主要的使用者是业务架构师和企业架构师（见第130页）。能力地图将组织呈现为一系列的模块，每个模块都以其产出或"能力"来定义。支持性工作和组织的核心工作之间通常是有区别的。

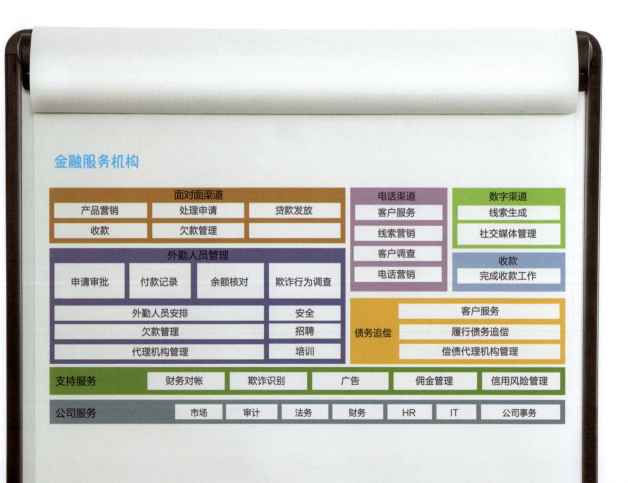

登录www.operatingmodelcanvas.com获取更多有关能力地图与价值链地图的对比的信息。

优势

1. 能力地图在一页纸上展示了组织的所有活动，价值链地图则着重于组织的核心工作。

2. 能力地图在结构上没有定论，因此更容易发挥想象力，可以用不同方式进行组合。

3. 能力地图可以很容易地应用于多种场合：
   → 作为"成熟度"或专业知识/能力的"热力图"。
   → 作为理解支撑组织的IT系统的背景（见右图）。
   → 作为识别主要的成本领域或员工人数最多的领域的背景。

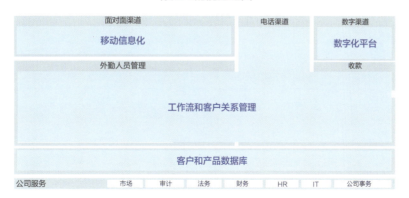

标注全时当量（FTE）的能力地图

标注IT的能力地图

不足

1. 能力地图会分散人们对组织核心工作的注意力，因为在地图上，"治理工作"和"支持性工作"看上去同样重要，甚至更重要。

2. 能力地图没有对组织结构给出任何指导，而价值链地图对组织结构有直接影响。

3. 在不考虑组织结构的情况下，能力地图会鼓励人们对IT和其他支持性功能做出决策。而价值链地图和组织结构的先后顺序确保了在做出任何关于IT和其他支持性功能的决策之前，核心工作的结构是明确的。

逻辑图

逻辑图将运营模式中的决策与价值主张和财务模型联系起来。下面的例子展示了廉价航空公司瑞安航空公司（Ryanair）的运营模式是如何通过低固定成本（FC）和低可变成本（VC）实现低票价的。

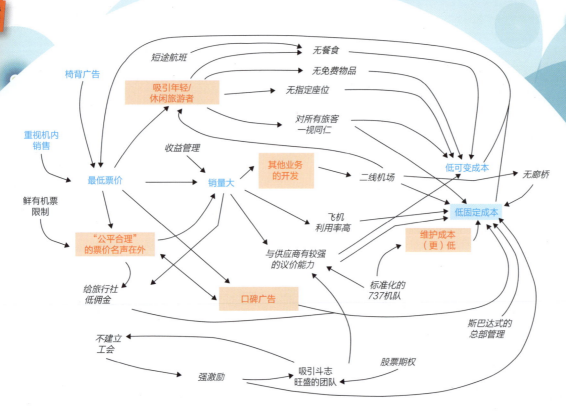

活动系统图

活动系统图展示了运营模式中的主要活动是如何共同运作以实现目标的，比如，消费者洞察或创新。下面的例子展示了宝洁公司的活动系统图。比如，"设计"活动与"品牌建设""消费者洞察"和"创新"三大目标相连。

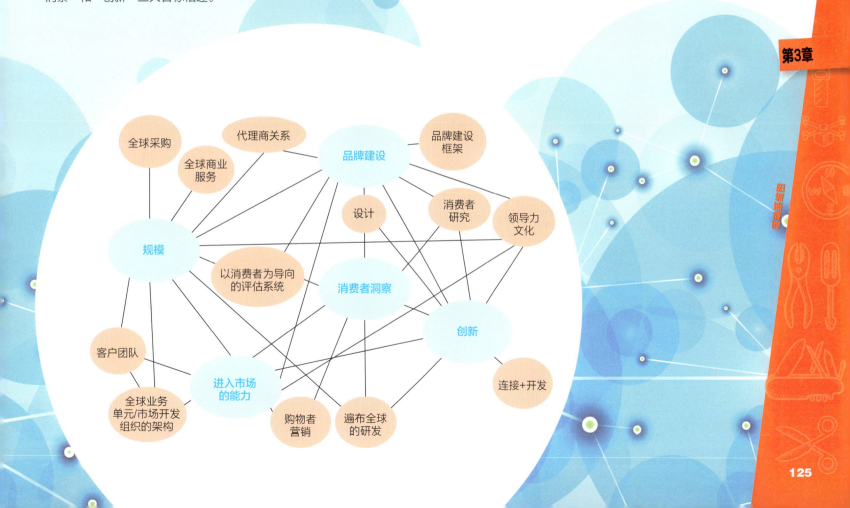

客户旅程地图

客户旅程地图记录了顾客为"消费"而进行的所有活动。客户旅程可能在与供应商互动之前就已经开始,并在获得产品或服务之后继续进行。然而,运营模式工作的主要价值在于客户"接触"产品或服务供应商的那段旅程。

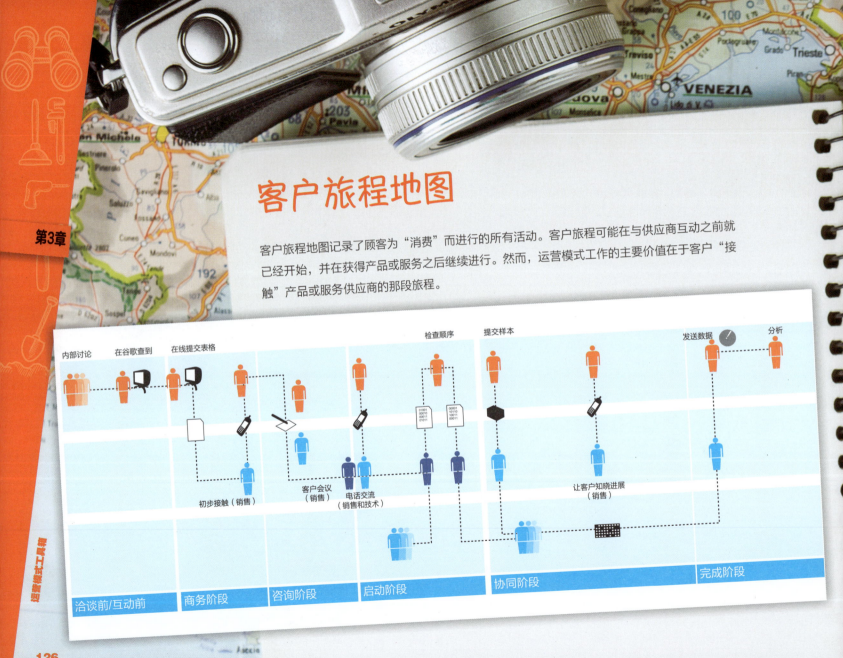

SIPOC模型

SIPOC模型是检查产出系统的工具,它表明系统需要有输入,并且这些输入通过流程转化为产出。输入由供应商提供,输出则由客户消费或被客户需要。SIPOC模型分析通常在分析流程之前进行,用来理解该流程所处的系统。

罗斯模型

罗斯模型（Ross Model）通过评估"业务流程整合程度"和"业务流程标准化程度"对组织进行分类。"业务流程整合程度"是指组织不同部分的流程需要连接的程度，以便工作流和信息流能轻松地从一处流向另一处。"业务流程标准化程度"是指组织不同部分的流程的标准化程度。

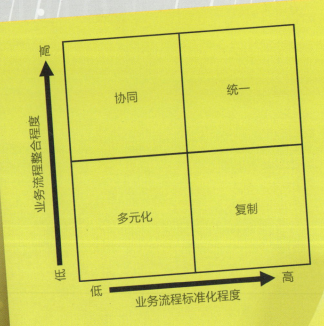

资料来源："Enterprise Architecture as Strategy" by Ross, Weill and, Robertson.

全球化矩阵

通过理解正在发挥作用的经济力量,全球化矩阵对组织进行分类。"整合力度"有多高,意味着全球化程度就有多高,反映为规模经济或对标准化的需求。"响应力度"有多高,意味着为适应本地客户或本地化需求所做出的调整程度就有多高。在这些回答的基础上,再对需要全球化的程度做出判断。

资料来源:Sharm Manwani, Henley Business School, 改编自"Managing Across Borders", Bartlett & Ghoshal (1989), and "The Multinational Mission", Prahalad & Doz (1987).

业务架构

业务架构是一门正规学科，它使组织能够将业务战略转化为可操作的有效解决方案。业务架构可以用来解释运营模式画布开发的设计理念，并使其具有可操作性。下图是业务架构协会®的架构框架。蓝色文字展示了这个框架和运营模式画布之间的特定联系。欲了解更多信息，请访问 http://www.businessarchitectureguild.org。

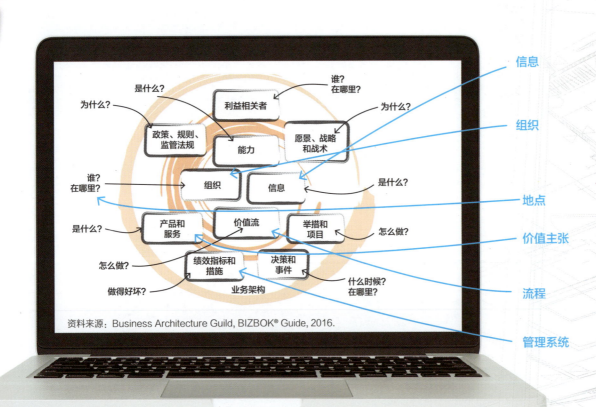

资料来源：Business Architecture Guild, BIZBOK® Guide, 2016.

业务架构协会的历史

业务架构起源于20世纪80年代，其发展得到了需要理解业务需求和业务人员的IT专业人士，以及从事业务改进、流程、质量和战略执行的咨询公司的大力帮助。

业务架构在技术上的影响因素来自电气与电子工程师协会计算机分会（IEEE Computer Society）、国际信息系统审计协会（ISACA）、开放性标准平台The Open Group和对象管理组织（OMG）等机构。值得关注的作者是马克·兰克霍斯特，他设计了企业建模语言ArchiMate，而作者惠特尔（Whittle）和迈里克（Myrick），罗斯（Ross）、韦尔（Weill）和罗伯逊（Robertson）从事的是企业架构工作。其他影响因素来自国际标准化组织（ISO）和环保产品品质管理组织（EPQM）发布的质量标准，以及与业务流程管理、精益六西格玛和软件系统思考相关的出版物，值得注意的作者包括彼得·切克兰德（Peter Checkland）、沃马克（Womack）和琼斯（Jones），以及潘德（Pande），纽曼（Neuman）和卡瓦那（Cavanagh）。

21世纪初，这套知识体系的专业度开始得到认可，各组织开始任命业务架构师来帮助设计和记录组织业务的运作方式。

2010年，业务架构协会在美国成立，它汇集了一套知识体系——BIZBOK®，并定期更新，为从业者提供了宝贵的资源。

对象管理组织

对象管理组织（OMG）是一个致力于为业务建模开发标准的机构。以前的业务架构中没有完全解决问题的设计方法论，OMG的出现填补了这一空白。OMG开发了统一建模语言（UML）、模型驱动架构（MDA）、商业动机模型（BMM）、商业词汇和规则的语义库（SBVR）以及业务流程建模符号（BPMN）的标准。这些都有助于分析人员记录和设计流程及系统。OMG还开发了价值交付建模语言（VDML），这是一种标准的建模语言，用于企业运营的分析和设计，特别重视价值的创造和交换。

The Open Group与企业架构

The Open Group是一个由公司和个人组成的联盟，他们开发相关标准来助力IT界。企业架构师广泛使用开放群组企业架构框架（TOGAF），来指导他们设计组织的信息和系统架构。企业架构师通常为首席信息官（CIO）工作。企业架构师常用的另一个框架是扎克曼（Zachman）框架，这个框架有6纵列问题——是什么、怎么做、在哪里、谁、什么时候、为什么，还有6横排角色——行政人员、业务管理者、架构师、工程师、技术员和运行中的企业。这些维度能反映更多的细节和实际情况，以帮助不同的利益相关者"透视"业务。

> 在很多领域的学科中都包含与运营模式工作相关的工具包，业务架构只是这些学科中的一种。其他学科还包括业务战略、组织设计、组织行为、运营战略、精益六西格玛和变革管理。

评估运营模式

利益相关者和流程

	是	差不多	否
1. 你们是否有一份利益相关者清单，并明确了哪些人是运营模式的"客户/受益者"？	○	○	○
2. 你们是否对"客户细分"达成共识，并对每一类客户群的"价值主张"理解到位？	○	○	○
3. 在为每一类客户群创造价值时，你们是否知道哪些运营流程最为重要，每个流程是否都有相应的"责任人"？	○	○	○
4. 最重要的流程是否具备优势，或者是否卓越？	○	○	○
5. 最重要的流程是否足够灵活，以应对环境中可能出现的变化？	○	○	○

组织模型

	是	差不多	否
6. 运营单元的结构（价值链式、业务单元式或矩阵式）是否有助于向客户群交付价值？	○	○	○
7. 支持性职能能否以极低的代价为运营单元增加价值？	○	○	○
8. 组织结构中的每一层级都有增值作用吗？	○	○	○
9. 你们是否有一份清单，标明在实现整合时组织所面临的挑战（比如流程或人员需要相互协同，但没有额外帮助就无法完成的地方），是否为这些整合挑战设计了解决方案？	○	○	○
10. 你们是否有一份清单，标明关键角色和关键技能项？你们是否给每个角色都配置了"有能力""有适当资源"和"负责任"的人？	○	○	○
11. 激励措施能否激励关键人员为组织付出最大的努力？	○	○	○
12. 你们是否有职业路径或招聘策略，能够在需要的时候替换关键人员？	○	○	○
13. 你们是否明确了对运营模式产生重要作用的价值观，以及你们是否有体现每种价值观的行为规范？	○	○	○
14. 你们是否有一份最重要的组织决策清单，每一类决策的决策过程、信息要求和控制手段是否明确？	○	○	○

地点、楼宇、资产

	是	差不多	否
15. 你们是否在最适宜战略实施的地点和楼宇里开展业务?	○	○	○
16. 你们是否有一份清单,标明对运营模式的成功至关重要的其他资产(品牌、知识产权、关键关系、设备等)?这些资产是否具有竞争"优势"?每项资产是否都有责任人?	○	○	○

信息和其他连接

	是	差不多	否
17. 你们是否有一份清单,标明支撑流程的重要数据资源?这些数据资源是否有责任人?	○	○	○
18. 你们是否有一份清单,标明支撑重要流程的软件和应用程序?每个应用程序是否有责任人?	○	○	○
19. 你们是否知道哪些应用程序需要整合到企业系统中?	○	○	○

供应商和业务伙伴

	是	差不多	否
20. 对于判断需要在企业内部完成的活动以及通过供应商和业务伙伴完成的活动,你们是否有清晰的逻辑?	○	○	○
21. 与业务伙伴合作时,你们签订的协议是否能激励对方帮助你们成功?	○	○	○

管理系统:会议和关键绩效指标

	是	差不多	否
22. 针对开发有创意的、务实的计划和战略,你们是否设计了相应的规划流程?	○	○	○
23. 为了帮助管理者树立雄心壮志,你们是否设计了相应的目标设定流程?	○	○	○
24. 你们是否有一张记录最重要绩效维度的计分卡?	○	○	○
25. 你们是否有一个绩效回顾和管理系统,能适当地控制和激励管理者达成绩效并持续改进?	○	○	○
26. 你们是否有决策委员会,能做出及时、有效和得到各方拥护的决策?	○	○	○

可视化和沟通

	是	差不多	否
27. 所有高级管理者都能介绍或者描绘运营模式吗?	○	○	○

第4章 为业务创建一个"目标状态"

行业和公司概况 136

公司战略和挑战 138

设计原则和"现在时"画布 140

"将来时"运营模式的设计步骤 146

> 绘制流程 148

> 分析流程 152

> 组织结构图 154

> 分析组织结构图 156

> 地点和资产 158

> 决策权 162

> 流程责任人网格和信息 164

> 供应商矩阵 168

> 重新审视地点和资产 170

> 计分卡和管理日历 172

EEI取得成功 176

或"将来时"的运营模式

第4章

为业务创建一个"目标状态"或"将来时"的运营模式

电力设备行业

输电
本案例来自电力设备行业。居民用电或日常商业用电是以低压电（LV）的形式提供的（通常是240/220/110伏），然而，为了进行有效的输电（比如，降低传输损耗），电力会以高压电（HV）的形式从发电站输出，一般在100 000伏以上。

从高压到低压
为了让发电站输出的高压电转为家庭和企业使用的低压电，配电系统在三个不同的电压水平上运行。大宗电力能源以高压电的形式从发电站长距离输送到工业和住宅区的外围。这就是**高压输电网**。

电力从工业和住宅区外围分配到配电点，电压降低，一般为10 000、20 000或30 000伏。这就是**中压配电网**。

最后，电力通过**低压配电网**（240/220/110伏）传输给终端用户。

变电站
电力系统的三种电网间的转换是在变电站这样的设施中进行的。
一级变电站将高压输电网的高压电转化为中压配电网的较低压电。
二级变电站位于中压配电网和低压配电网之间。

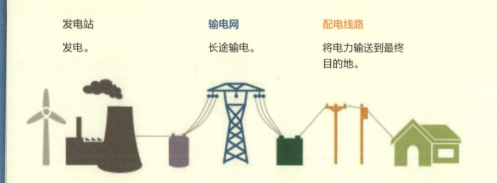

发电站
发电。

输电网
长途输电。

配电线路
将电力输送到最终目的地。

变电站
为了有效输电而提高电压。

变电站
降低电压，为日常用电提供电力。

家庭和企业
电力为我们的日常生活与工作提供动力，使电器、照明和取暖设备得以正常工作。

国际电力设备公司概况

国际电力设备公司（Electrical Equipment International，以下简称"EEI"）的主要业务是销售**二级变电站**。二级变电站不仅承担着将电压从中压转换为低压的基本任务，而且还承担着更为复杂的保护、运行和控制配电系统的任务。除了变压器设备外，一个变电站还包括若干类型的开关柜，以及若干用于测量、监控和控制设备及电路的复杂电力装置。EEI生产变压器、开关柜和电子设备，这些是变电站中的大部分组件。该公司于1942年在墨西哥成立，还生产能安置所有设备的混凝土或金属机房，公司大部分销售额通过销售这些机房和其中的所有设备实现，但该公司也销售电力组件，如变压器和开关柜。

这家家族企业的成功源于其雄厚的技术实力、卓有成效的生产流程、以"交钥匙"的产品形式销售变电站，以及与墨西哥市场的主要客户保持着良好关系。在过去几年里，该公司以小规模的方式扩张到其他国家，而进一步的国际化扩张计划正在进行中。

变电站可以是"标准化"或"定制化"的。**标准变电站**含有一个标准设计的机房，里面装有各种标准组件。

定制变电站可以采用两种形式：一种是使用标准机房，但其中的组件和电子器件是经过定制选择和专门设计的；另一种是使用定制机房来满足客户的需求或容纳经过定制选择的组件。

二级变电站

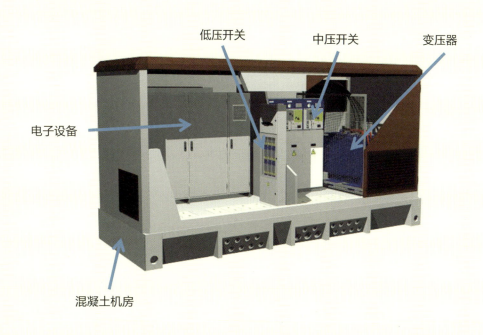

EEI的战略

战略挑战

借助墨西哥当地市场的高速增长和公司的技术优势，EEI已经发展壮大。然而，公司现在面临若干挑战：

> 主工厂已经在超负荷运转。因此，一些工作不得不放在其他地点开展，这增加了事情的复杂性和运输成本。

> 竞争对手已经开始复制EEI的高效生产流程，这导致标准产品的利润率下降，威胁到盈利能力。

> 定制产品的利润率要高得多，但生产定制产品极大地干扰了标准化生产，提高了成本，进一步降低了标准产品的利润。

> 典型的销售团队有能力销售标准产品，但没有足够的产品知识将客户的定制要求转化为定制产品的报价。只有极少数人有能力销售和准备定制产品的报价，而且没有软件支持这一工作，所以所有的定制报价都是手工完成的。

> 墨西哥市场的增长开始放缓，美国、南美和欧洲市场存在巨大的增长机会。

战略目标
该公司已确定3个优先事项：
- 保持在墨西哥市场的领导地位。
- 提升在墨西哥市场以外的销量。
- 提升定制产品的销量和利润。

EEI面临的挑战

EEI的CEO认识到，为了成功实施战略，他需要对公司的运营和组织进行若干重大变革。他发现了以下问题：

组织

虽然公司有一支不断壮大的海外销售队伍，但是负责技术和生产的管理者们并没有强烈的动力来支持海外销售业务。墨西哥市场的销售情况仍然良好，这意味着他们不愿意投入时间和产能来支持海外销售业务。

组织中很少有人有能力与客户互动，来了解他们对定制产品的需求，评估交付的挑战并洽谈合同。即使少数人拥有部分或全部这些能力，也分散在不同的部门和地点。

整个公司只有一张损益表，因此很难准确判断不同产品线、在不同国家或标准产品与定制产品的盈利能力强弱。

销售定制产品

大多数销售人员可以帮助客户选择标准产品，但不知道如何应对定制需求。他们已经习惯了把产品卖给客户的采购团队，但为了销售定制产品，销售人员需要面向客户的工程部门进行销售。

在销售定制产品时，销售人员很难从生产部门获得成本估算，更难以得到对交货日期的承诺。部分原因是生产部门为了完成标准产品的生产，经常推迟定制产品的生产，但也是因为生产部门需要协调不同的定制部件和定制机房，让它们在同一时间准备就绪。

海外销售带来了额外的问题。在新的国家，使用分销商而非直销团队更具成本效益，至少在销量达到一定规模之前是这样。但是，许多分销商并不具备销售定制产品的能力。

生产定制产品

对于标准产品和定制产品，第一步和最后一步的生产流程是相似的，但中间步骤不同。由此造成的工厂内的复杂情况提高了各项成本，甚至增加了标准产品的成本。

定制产品的IT系统

基于历史原因，销售部门和每条产品线都有不同的IT系统，这对于那些量产后可囤积的标准产品来说并不是问题，但对定制产品来说就是个极大的问题。每类定制组件都需要有自己的产品编码，但没有一个系统足够灵活，可以为每个客户的订单生成单独的编码。因此，许多工作都是手工完成的。此外，该公司没有一个应用程序可以支持定制产品的设计和定制化的过程。

楼宇

现有的楼宇没有足够的空间，生产、职能和技术部门在同一个空间工作带来很多困难。尤其是职能部门过于拥挤。

技术实验室需要更适宜的空间，有助于吸引并留住顶级科学家和技术人员。

EEI的设计原则

设计原则是设计工作的指导思想。这些原则为新的设计设置了边界，定义了新的设计必须实现的目标，以及新的设计必须与什么制约条件共存。

设计原则来自：
> 组织的战略目标。
> 组织试图解决的问题或克服的挑战。
> 组织希望继续保持的优势。
> 利益相关者施加的制约因素。

EEI有3个战略目标：
> 保持在墨西哥的领导地位。
> 销往墨西哥以外地区。
> 销售定制产品。

EEI试图解决的主要问题是：
> 建立提供定制产品的能力。
> 减少生产定制产品为工厂带来的干扰。
> 加强利润问责制和授权。

EEI希望继续保持的优势是：
> 产品开发。
> 成本优势。
> 在墨西哥的市场地位。

除了正常的法律限制外，似乎没有任何来自利益相关者的限制因素。

在这些输入的基础上，EEI提出以下设计原则：

eei的设计原则

- **保持在墨西哥的领导地位：**
  - 在不干扰标准产品生产的情况下，生产定制产品。
- **销往墨西哥以外地区：**
  - 发展海外销售团队。
- **销售定制产品：**
  - 确保将客户需求转化为定制产品。
  - "打通"IT系统以规划和生产定制产品。
- **确保：**
  - 管理团队得到足够授权。
  - 设计工程师的工作安排得到优化。

关于创建设计原则的工具

如何创建好的设计原则

创建好的设计原则很难，这里提供4个指导思想：

1. 专注于前5条左右的原则。它们将是你的指路明灯，所以值得在它们身上花费额外时间。
2. 问问自己为什么会有这一原则：它与你的战略目标有什么联系？
3. 确保每条原则都代表了某种真实的设计困境或选择：当遵循某条原则时，你所放弃的对立选项必定是一种实际上的可供选择方案。
4. 确保你做出的选择具有设计意义，它必须能帮你排除一些选项，必须对POLISM有一些影响。

有一种制定设计原则的方法，可以帮助你专注于这四个指导思想（见右图）。

为什么设计原则很重要

- 有助于缓解公司紧张的政治氛围。
- 是设计旅程的第一步，有助于排除一些选项。
- 是用来评估可选项的标准。

设计原则可以被挑战吗？

- 设计原则在整个设计过程中是不断发展演变的。
- 核心思想，特别是设计原则的战略逻辑，不应改变。
- 如果原则不变，就会更易于应对公司紧张的政治氛围。

设计原则 "设计必须……"	根本目的 "以便达到……"	影响 "可能的结果是……"
在不干扰标准产品生产的情况下，生产定制产品	凭借标准产品保持在墨西哥的领导地位	要么单独建一个工厂，要么通过某种方式消除同一工厂中（生产定制产品带来）的干扰
发展海外销售团队	销往墨西哥以外地区	在每个目标国家自建销售团队、成立合资公司或依靠分销商销售
确保将客户需求转化为定制产品	销售定制产品	有能力的员工与IT支持相结合
"打通"IT系统以规划和生产定制产品	销售定制产品	若干综合IT系统，可能是ERP系统

登录www.ashridgeonoperatingmodels.com获取更多有关设计原则的信息。

组织的"现在时"

当前的组织

EEI的组织结构是按职能划分的,这意味着大多数困难的决策都要上报给CEO。幸运的是,所有的职能部门都在同一个地方(除了销售部门,它们是按墨西哥的区域或按国家划分的),同地办公让CEO能够管理集成化的运营性工作。

主要职能

- "开发"负责开发技术和公司销售的所有产品。
- "产品"负责生产部件和机房,还负责物流、质量和采购。
- "销售"负责墨西哥市场并扩张到其他国家。
- "财务"定义会计政策,管理付款和收款,并为资产负债表提供资金。该组织的财务职能也包括IT职能。
- "HR"主要侧重于支持其他职能的行政工作。

在历史上,产品开发("开发")是最重要的职能,这一直是创始人的主要关注点,也是公司成功的原因。重要性排名第二的职能是生产("产品"),公司在高效制造方面有重要优势,物流和质量则从属于生产。在历史上,"销售"是权力最小的职能。

"现在时"的流程步骤

标准产品的流程步骤包括开发、生产、组装等。问题出现在"生产"这一步，因为很难将标准产品和定制产品混在一起生产。此外，由于缺乏海外销售人员，在"销售"这一步也存在问题。

定制产品的流程步骤包括销售、生产、组装等。对定制产品来说，没有"开发"这一步。定制产品不得不采用现有的产品和组件，并通过它们的组合或小幅调整制造流程，为客户设计解决方案。

"销售"是最困难的步骤，因为它需要多种能力，包括确定满足客户需求的产品，与生产部门协商交货日期并确定成本。对于标准产品，销售人员只需要从销售目录中下单即可。

标准产品的竞争优势来自"生产"，特别是中压开关的生产，也来自"组装"，这一步可以形成功能齐全的变电站。该公司是为数不多的提供变电站"交钥匙"解决方案的公司之一。

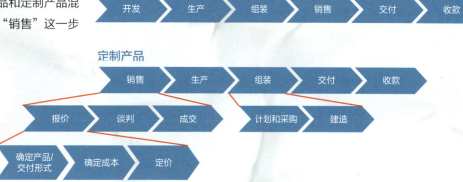

"生产"和"组装"步骤也很难，因为在同一条生产线上混合使用标准组件和定制组件会造成问题。"组装"尤其困难，因为需要协调不同生产线上的定制组件。对于标准产品的组装，可以直接从库存中获得组件，但当涉及定制组件时，就必须等待它们生产出来。

为了在**定制产品**上取得成功，公司需要在"确定产品"上发展竞争优势，也就是说要能将客户需求转化为产品；在"计划和采购"一步，要能够向所有产品线发送准确的规格，安排设备的使用计划，并能跟踪生产；在"生产"和"组装"步骤，要能够利用公司的低成本优势生产定制产品而不影响效率。

EEI利益相关者地图

> 评估与每个利益相关者的关系，记录与它们相关的挑战，将帮你更有效地进行利益相关者分析。

"现在时"的运营模式画布及其面临的挑战

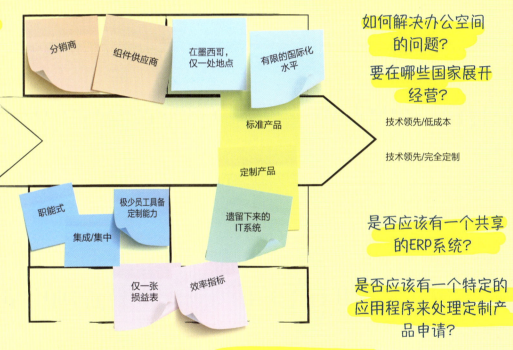

在新兴市场国家，需要对分销商进行什么样的安排？

什么时候在新兴市场国家建立自己的销售团队？

如果外包，需要多少钱？

企业是应该分成独立的业务单元，还是应该把整个业务分成独立的生产线？

组织结构应该是职能式的，还是按产品、按国家或者按矩阵设置？

在定制产品方面，如何充分利用/发展有限的能力？

如何增加管理者们的自主权，减少CEO的决策？

要保留某个生产地点吗？

如何解决办公空间的问题？

要在哪些国家展开经营？

技术领先/低成本

技术领先/完全定制

是否应该有一个共享的ERP系统？

是否应该有一个特定的应用程序来处理定制产品申请？

如何了解定制产品和组件的盈利能力？

如何平衡效率指标和定制产品的需求？

EEI "将来时"运营模式的设计步骤

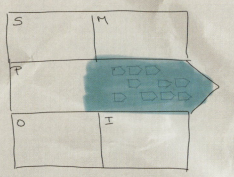

1. 绘制流程

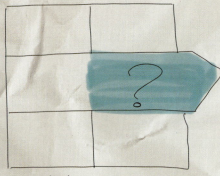

2. 分析流程

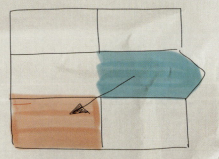

3. 组织结构图

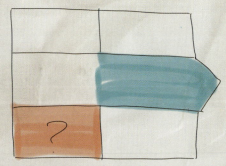

4. 分析组织结构图

EEI使用运营模式画布来设计"将来时"的运营模式,遵循了这10个步骤。

不是所有的设计项目都要遵循这10个步骤。根据不同的情况,步骤可能会更多或更少,而且这些步骤的顺序也会不同。

我们建议总是从价值链地图开始,然后是组织模型。在这之后,通常是按照POLISM的顺序进行,这样更有效,但这并不是必须的。

> 在接下来的几页中，我们将向你展示EEI团队所做的工作，并对使用的工具做出点评，正如我们在"设计原则"的话题上所做的那样。

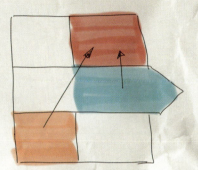

5. 地点和资产

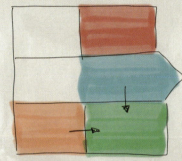

6. 决策权

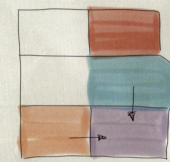

7. IT蓝图

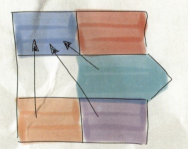

8. 供应商矩阵

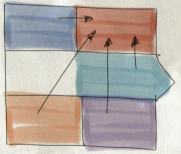

9. 重新审视地点和资产

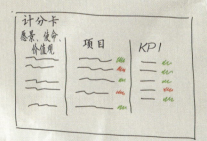

10. 计分卡和管理日历

1.绘制流程（就是价值链地图！）

如何绘制流程

绘制流程复杂且累人，其挑战在于如何展现足够多的细节而又不会耗费太多时间。我们建议采用"自上而下"的方法。对每个细分领域，都从绘制包含5~6个步骤的简单价值链开始。必要时，将其中一些步骤分解到下一层次（即另外5~6个步骤）。避免在任何一个层次上创建包含20个步骤的价值链：你的思维是无法应对这么多步骤的。避免将每个步骤分解成越来越细的层次，这没有必要。

我们建议使用便利贴，要求参与者列出价值链中的5~6个步骤。当你画好后，要求团队用红色标出那些"有问题"的步骤，然后只展开这些有问题的步骤。你会得到如下结果：

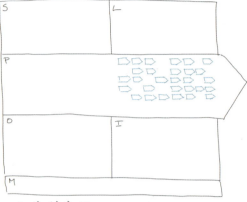

1.绘制流程

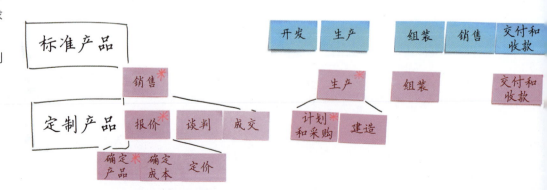

选择划分流程的方式

划分流程的方式

价值链地图展示的是每一细分领域对应的价值链，所以选择如何细分是至关重要的步骤。在大多数情况下，会有若干种可选的流程划分方式。想要创建好价值链地图，选择一个合理的流程划分方式至关重要。在EEI的案例中，有三种不同的划分方式：

> 按产品类型。
> 按地理区域。
> 按客户类型。

显而易见的是，流程也需要按定制产品与标准产品进行划分：对定制产品的需求首先形成对新运营模式的需求，因此，在按照上述3种方式划分时，有必要把标准产品和定制产品分开。

没什么简单的规则来帮你选择最佳的划分方式。通常情况下，你得尝试好几种方式，然后才能确定对你最有帮助的划分方式。一般而言，最好的划分方式能够反映组织向受益者传递的价值主张类型的差异。

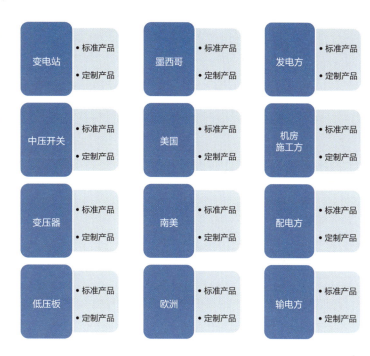

EEI团队考虑了全部3种划分方式，事实证明，按产品划分是最有用的。

你可以在下面几页看到划分结果。

EEI的初始价值链地图

这张价值链地图用红色星号标出了"有问题"的步骤,有些步骤拉长了,为的是它们随后会更细化。此外,低压板业务将会被外包出去。

1.绘制流程

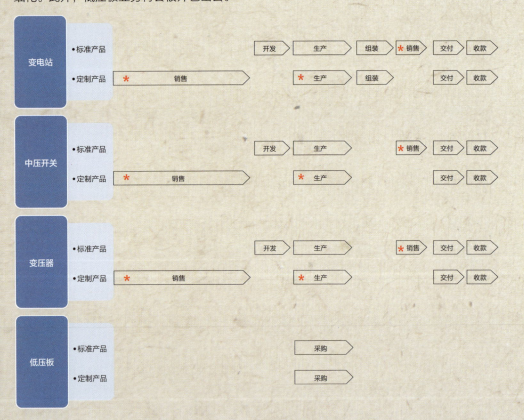

> **"现在时"的价值链还是"将来时"的价值链?**
>
> 正如本案例所示,通常情况下,基本的流程步骤并没有改变。"现在时"的价值链与"将来时"的价值链是一样的。但是,在第一次绘制价值链时,如EEI第一次推出定制产品,绘制出"将来时"的价值链是至关重要的。

EEI的颗粒度更细的价值链地图

在这个版本中，用红色突出"有问题"的步骤，标上编号，并在右下方进行具体描述。

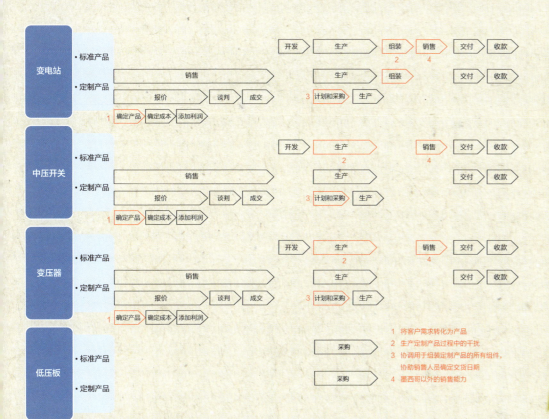

1 将客户需求转化为产品
2 生产定制产品过程中的干扰
3 协调用于组装定制产品的所有组件，协助销售人员确定交货日期
4 墨西哥以外的销售能力

价值链有多少层？

只有在有问题的地方才需要更细化。根据需要，层层深入，以了解问题的根本原因。本案例中，在某些地方3层就够了，在其他地方则不需要额外细节。

2. 分析流程

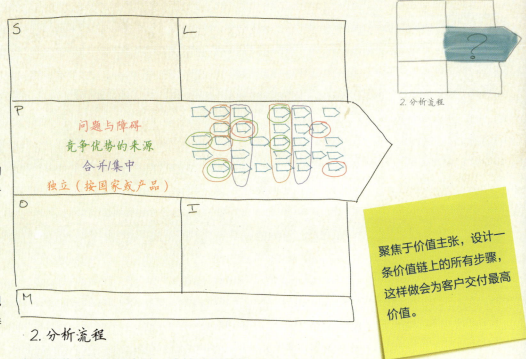

识别竞争优势或卓越的来源

在价值链地图上，EEI团队用绿色表示那些目前是或未来会成为竞争优势或卓越的来源的步骤，这些步骤是"关键成功因素"，或者在为客户创造价值方面是最为重要的步骤。

当优势来源同时也是问题（小红圈）时……这一步骤就需要予以特别关注

对成功至关重要的步骤，或在组织中表现不佳的步骤，在设计过程中都需要予以特别关注。

哪些步骤可以考虑外包

价值链中是否有可以由第三方更好地完成的步骤，考虑这一点将大有好处。EEI团队没有在本阶段做这一分析，相反，他们在考虑供应商时做了这个分析。

考虑哪些步骤可以合并、连接或需要保持独立

观察各个细分流程的步骤，找到可以合并（如为了规模经济）、连接（如为了良好的协调机制）或需要保持独立（如允许为某个细分客户量身定制）的步骤。如果拿不准，就保持其独立。让所有步骤都集中在同一细分流程中，会为客户交付最高价值。

这种分析对组织结构图有重要影响。它可以在不牵涉公司政治的情况下完成，不必像在讨论组织结构图时要顾及对公司政治的影响。

请花点时间分析流程。

> 聚焦于价值主张，设计一条价值链上的所有步骤，这样做会为客户交付最高价值。

EEI的流程分析

这幅被标记的地图是EEI所做的流程分析，包括竞争优势的来源分析。

这是一份备选方案。在这份备选方案中，"开发"是一个合并的职能，所有的产品开发都向同一位老板汇报。"生产"是按产品类型划分的，每位产品负责人都负责其产品类型下标准产品和定制产品的生产。"销售"是按国家划分的，但是，一旦当地销售团队确定了客户，就会由一个总部单元来确定定制产品并为其进行生产排期。

当然，其他的备选方案也是可能的：例如为定制产品设立一个独立的业务单元，可以自行生产；或者每个产品单元都有自己的销售团队。

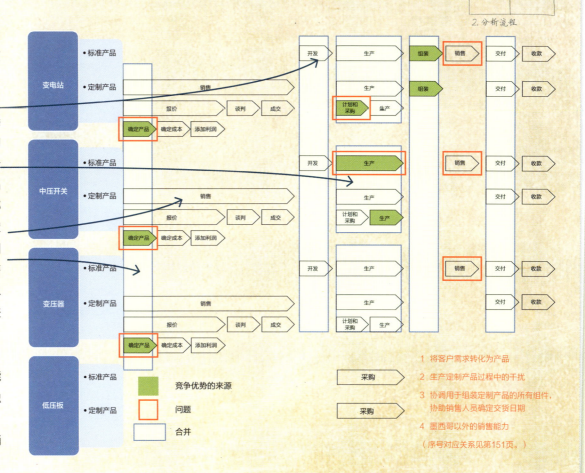

1 将客户需求转化为产品
2 生产定制产品过程中的干扰
3 协调用于组装定制产品的所有组件，协助销售人员确定交货日期
4 墨西哥以外的销售能力
（序号对应关系见第151页。）

3. 组织结构图

制订组织结构的备选方案时，组织模型是最有力的工具。

支持性工作的4种类型：
> 政策——制定规则。
> 倡导/协同——推广想法或方法。
> 核心资源——提供独特的资源或能力。
> 共享服务——提供服务。

运营性工作的3种结构：
> 价值链式。
> 业务单元式。
> 矩阵式。

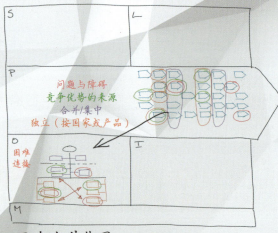

在分析方面的挑战

该工具在分析方面面临一些挑战：
> 什么是运营性工作？
> 如何分配支持性工作？

什么是运营性工作？

> 运营性工作是为了完成价值交付所需要做的工作，价值链地图定义了运营性工作。
> 除非所有的流程步骤都"合并/集中"在了整个价值链中，否则运营性工作的主体结构需要与流程的"划分方式"保持一致。

如何分配支持性工作？

> 为支持性工作分配角色是在设计层面就需要考虑的选择。
> 某些"职能"，如HR，有多重角色。
> 政策、倡导/协同职能由小型的"专家"团队负责。
> 核心资源和共享服务被视作较大规模的"运作职能"。

EEI的组织

EEI考虑了4种组织结构的备选方案来支撑运营性工作。

对照设计原则，比较各种备选方案，选出最佳方案。

3. 组织结构图

备选方案

1. 产品业务单元式
2. 市场业务单元式
3. 产品/市场矩阵式
4. 价值链式

	产品业务单元式	市场业务单元式	价值链式（职能）	产品/市场矩阵式
保持在墨西哥的领导地位	可行	不好	可行	可行
销往墨西哥以外地区	不好	最佳	不好	可行
销售定制产品	不好	不好	不好	可行——需要定制部门
其他	可行——需要开发部门 可行——如果是利润中心	可行——需要开发部门 可行——如果是利润中心	可行	可行——需要开发部门 可行——如果是利润中心

最终方案是矩阵式结构

财务
开发单元 — HR
定制单元 — IT

中压开关
变压器
电力设备
变电站

按产品划分的单元和按市场划分的单元都是利润中心

墨西哥
美国
其他

一旦确定了架构层面的方案，你就可以加入支持性职能，并进行调整，来解决与设计原则不符引发的问题。

4. 分析组织结构图

识别挑战

将分析流程时识别出的挑战标注到组织结构图上，将大有用处。

第一，从价值链地图中提取红色标记，将组织结构图中的相关方框也标为红色。如果该方框目前不存在，或者有其他原因表明该方框需要仔细设计，则添加额外的红色标记。

第二，从价值链地图中提取绿色标记——即那些能识别出关键步骤的标记——并在组织结构图中标记相关方框。

第三，在我们知道不太容易建立关系的重要方框之间画上红色箭头。在组织设计工作中，这些方框被认为是"困难连接"——它们代表了组织的不同部分之间的一类关系，这类关系对组织成功很重要，但使其有效运作也很困难。

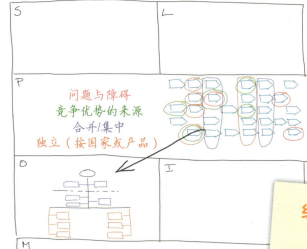

4. 分析组织结构图

第四，用另一种颜色标出图中需要有专业文化的重要方框：与主流文化不同的文化。在这个案例中，主流文化是工程文化和生产文化。

组织模型和价值链地图

价值链地图和组织模型之间是有关联的。组织的主要结构是基于价值链地图的流程分类划分的，除非对各细分流程之间的众多步骤进行了合并，使组织结构变成了单一价值链。这就是为什么流程分类这一步如此重要。

在各细分流程之间合并的活动会成为集中的支持性职能，比如政策、倡导/协同、共享服务或核心资源。

这是对EEI组织模型的分析，透露了大量信息。它展示了支持性职能和它们所扮演的角色，以及与运营单元之间的关系（如"政策""服务"等），也展示了业务单元（包括按产品划分和按市场划分的业务单元），还展示了优势来源、问题、困难连接和需要有专业文化的领域。

开发单元和定制单元是优势来源，这两个单元都需要有不同于组织内主流文化的文化。因此，它们需要一些独立性。

定制单元也存在问题，因为它目前还未建立，招聘人员也实非易事。

定制单元与产品单元的关系可能会比较难处，因为它需要定制生产的能力。定制单元与销售单元的关系可能也会比较难处，因为它要完成占一半销售任务的定制产品，并需要与客户互动。

产品单元和销售单元之间的关系可能会难处，因为两者都是业务单元，但又相互依赖（因此在业绩不佳时会相互指责）。

变电站和中压开关单元是优势来源。但它们也有问题，因为生产成本在上升，而且它们目前不是业务单元，但在新的结构中需要成为业务单元。

美国和欧洲单元目前不存在，所以它们也是问题之所在。

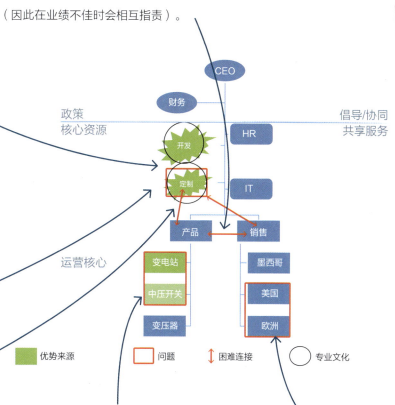

5. 地点和资产

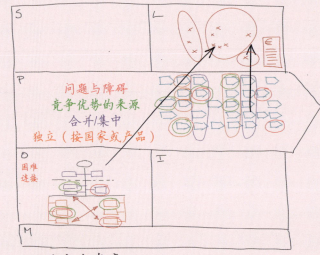

5. 地点和资产

POLISM 中的 "L"

运营模式中"地点"元素包括：
> 将活动或流程步骤对应到不同的地理位置。
> 这些地点所需的楼宇、机器和其他资产的类型。
> 将活动或流程步骤对应到不同的楼宇。
> 重要楼宇的楼层布局。

POLISM中的"L"通常是大笔开销的根源。如果需要进行重大变革，应该有足够的资金来实现这些变革。因此，在流程早期做一些针对"地点"的工作通常是大有帮助的。

除了地图或楼宇布局图之外，选择"地点"时，没有什么标准的工具，但利益相关者框架可以确保你在选择地点时对方方面面都有所考虑。

供应商
- 哪里的供应商技能更好
- 哪里的供应商成本更低
- 降低物流成本

政府
- 法律/制约因素
- 补贴

所有者/投资人
- 企业所有者的偏好
- 法制健全的地方
- 有良好治理规则的地方
- 有税收优惠待遇的地方

经营活动或资产

员工
- 哪里的人们有相应的技能
- 人们喜欢生活的地方
- 哪里的劳工、税收、工会的法律或规范对企业较为友好
- 劳动力低廉的地方
- 实现24小时经营

客户
- 为客户提供便利
- 与客户处在相同的法律管辖区

地点列表

通常情况下,使用一张或多张表格来展示地点和流程或组织单元之间的联系,这样做是很有帮助的。

地点 组织单元	墨西哥	美国	西班牙	巴西	其他
生产	X				
销售	X		X	X	
开发	X				
物流	X				
其他					

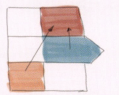

5. 地点和资产

应该在整个设计项目中持续开展有关地点的设计工作

POLISM的顺序表明,关于"地点"的设计工作会在流程和组织的工作之后进行。然而,关于地点的最终决定最好是在所有的设计工作完成之后做出。

关于供应商以及哪些活动会被分包和保留的决定,都可能会影响到地点的选择。

关于IT和核心流程责任划分的决定也会影响到地点。

正是由于这些原因,EEI在设计过程的后期增加了一个步骤——"重新审视地点和资产"。

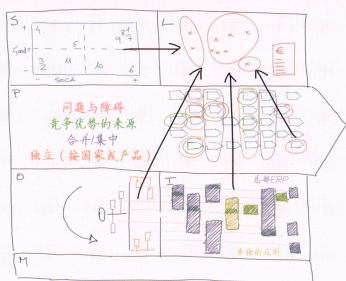

9. 重新审视地点和资产

EEI的地点

EEI地点的问题

几个关于地点的重要问题：
> 在哪里设立销售团队？
> 是否将定制产品与标准产品的制造分开？
> 在哪里设立定制单元？
> 在哪里设立开发单元？

CEO做出若干重要决定，楼宇从一栋扩展到四栋。由于目前的业务已经过于拥挤，而且业务增长迅速，他购买了一栋新厂房，与现有的厂房大小相同，并在同一地点。

CEO还购置了一栋小型办公楼，并决定将开发单元设在机场附近郊外的新实验室里。

可选项： 有两个主要选项。其一，将新楼宇用于定制单元，或将新楼宇用于变电站单元。此外，有三个地方可以作为定制单元的办公地点：与开发单元一起，在办公楼内，或在某个制造工厂内。

在销售方面，销售人员需要在EEI希望进行直销的每个地区办公。

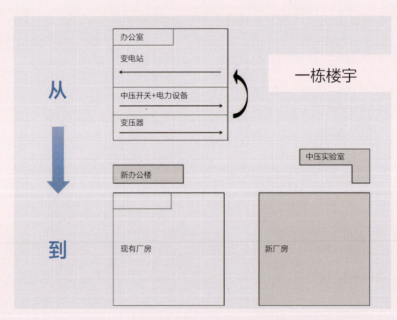

5. 地点和资产

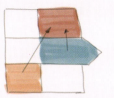

5. 地点和资产

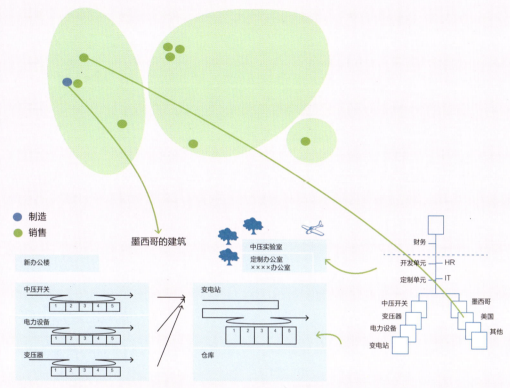

- 制造
- 销售

墨西哥的建筑

新办公楼
中压开关
电力设备
变压器

中压实验室
定制办公室
××××办公室

变电站
仓库

财务
开发单元 — HR
定制单元 — IT
中压开关
变压器 — 墨西哥
电力设备 — 美国
变电站 — 其他

定制产品的制造

由于生产线上的机器成本很高,为定制产品建立单独生产线是不具有成本效益的。定制产品需要在与标准产品相同的生产线上制造。

为了减少对制造的干扰,EEI为定制化产品安排了专门的房间,以便定制产品在等待定制组件或需要特别关注时,可以从生产线上取下来放进房间。

销售

为了实现在墨西哥以外发展的目标,EEI决定,要在每个主要市场都设立销售机构。

定制单元

定制单元与开发单元都位于靠近机场的新实验室建筑内。

这让定制单元的员工很容易与技术人员互动,而且离机场很近,有利于拜访客户和接待客户来访。

另一个好处来自让客户参访实验室,他们会对新的办公楼和技术产生深刻的印象。

6. 决策权

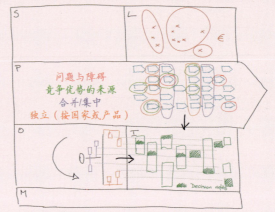

6. 决策权

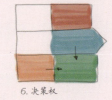

6. 决策权

为什么要关注决策

新组织将销售工作分配给了销售副总裁，将生产工作分配给了运营副总裁，将定制配置分配给了定制副总裁。但这仍然为地盘争夺战和分歧留下了很多隐患。因此，在新组织中明确如何做出决策是至关重要的。此外，CEO并不希望所有的决策都要等他来拍板。

制作决策网格的难点步骤之一是选择要分析的决策。因此，需要花一些时间与各部门负责人交谈，以了解他们希望哪些决策更加明确。

第163页的表格不是完整的决策网格，完整版有四页长。这里摘录的是一些较有争议的决策事项。

例如，销售部门保留了定价权，因为每个国家都是一个利润中心。但是，定制副总裁对提供给客户的产品配置（以及因此产生的解决方案成本）有决策权。

定制副总裁对生产计划有决策权，因此对定制产品的交货时间有决策权。但是，在产能有限的情况下，CEO保留对产能分配的决策权。CEO知道，销售部门和运营部门会争夺产能，源于他们试图使各自的利润最大化。

RAPID还是RACI?

EEI选择了使用RAPID，因为其重点在于做出决策。RAPID的优势在于，其中一条就是"决策"（"D"）。对EEI来说，明确谁在众多决策领域拥有适当的权力是很重要的。
你会注意到网格上没有"A"，这也是设计中特意考虑的一部分。虽然CEO保留了对所有决策的最终"同意"权，但他希望团队能感受到被授予了可以"先斩后奏"的权利。

为什么要在信息模块中设置决策权?

EEI团队认为，决策权和流程责任人都是运营模式画布中信息模块的一部分。通常情况下，这些是组织模块的一部分。但是，只要解决了重要问题，哪一项连接到哪个模块并不重要。

EEI定制产品的决策网格

6. 决策权

决策	CEO	销售 副总裁	定制 副总裁	技术 副总裁	运营 副总裁	其他
为定制产品进行定价		D/P	I			
为客户配置定制产品		R	D			
产能有限时的产能分配	D	R	P		I	
生产计划			D		R	D——财务
从运营部门向销售部门转移定价					I	P——财务
设置库存水平					D	I——财务
提供哪些新产品/服务	D	R	R	R/P	R	R——财务
给计分卡设定内容	D	R	R		R	P——财务 R——HR

7. 流程责任人网格和信息

7.1 IT蓝图

POLISM 中的 "I"

POLISM中的"I"与IT蓝图相关。但在EEI项目中，团队同时围绕IT蓝图和流程责任人网格展开工作。此外，他们按照IT蓝图的坐标轴，设置了流程责任人网格的轴线——流程步骤在顶部横行的位置，组织单元在侧面纵列的位置。

正如该项目负责人所指出的那样，"如果你把组织所有的主要单元列在侧面纵列的位置，所有的流程步骤列在顶部横行的位置，运营模式设计的神奇时刻就会出现：你探索出了组织和流程协同工作的方式，谁将把控这些流程，以及每个流程需要什么样的IT支持"。

明确组织的哪些部门参与哪些流程

从每个流程步骤开始，标记出组织中参与这个流程步骤的部门。例如，产品开发（流程步骤之一）涉及开发单元、销售团队、定制单元和生产单元。

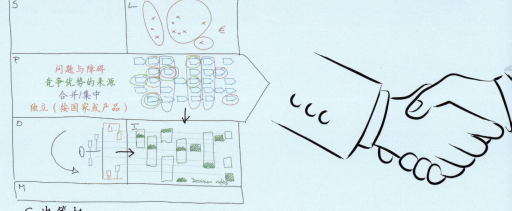

6. 决策权

然后考虑谁对该流程步骤负责：即在所有这些单元中，负责人要确保这个流程得到良好的设计。有两种选择——要么由一个单元负责该流程（如开发单元），要么由不同单元负责该流程的不同部分，后一种选择只有在单元之间有简单易行的交接机制时才会有意义。如果流程错综复杂，就需要有一个人监督整个流程。

困难连接

在这一节点上，重新审视先前对"困难连接"的思考通常会大有帮助。在对组织中每个跨越多个单元的流程步骤进行考虑时，你预计哪些工作关系会出现困难连接，就用 **红色** 箭头将其标记出来。

EEI的流程责任人网格

EEI决定让定制单元成为众多与定制产品有关的流程的责任单元——确定产品、成本、合同（价格除外）、生产计划以及安排交付。销售单元保留与客户谈判和定价的流程责任。

流程责任人网格有助于暴露一些预计会出现困难连接的地方。例如，定制单元现在对生产计划负责，但这个计划以前是由生产单元负责的，这种情况可能会造成两个单元之间的紧张局面。

流程责任人网格还凸显了让定制单元取得成功所需的特殊文化。把定制单元和开发单元安排在一起，远离工厂和办公室，显然更有好处。当然，独立的办公地点也会让困难连接变得难上加难，所以EEI团队在地点的设置上争论得很激烈。

7.1 T蓝图

EEI定制产品的流程责任人网格

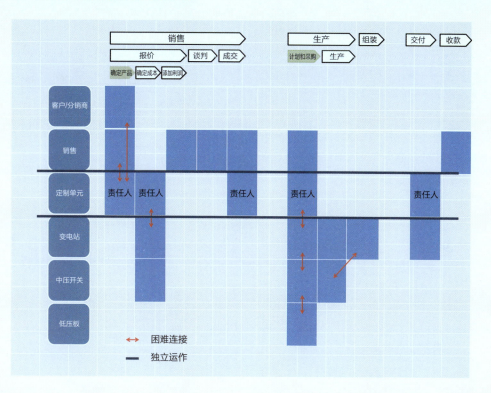

IT蓝图

IT应用

信息系统已经成为大多数组织的支柱。企业系统将销售到财务、销售到生产、供应链到生产的连接打通，并服务于更多连接。通常情况下，这些连接是通过ERP（企业资源计划）系统提供的，该系统包含供应商的标准模块，如SAP。最近，通过云计算的解决方案，用户能够以一种不那么庞大僵化的方式挑选标准模块，他们也能够在标准模块不能完全满足需要的地方植入定制模块。

无论哪种方式，在运营模式设计这个阶段，最重要的决定包括企业系统将集成哪些应用程序，哪些可以是独立的，哪些是标准的，哪些是定制的。确定应用程序的"业务责任人"也大有帮助，因为即便某个应用程序是由IT部门开发和维护的，它也是由职能单元、业务单元或者负责业务的委员会"负责"的。

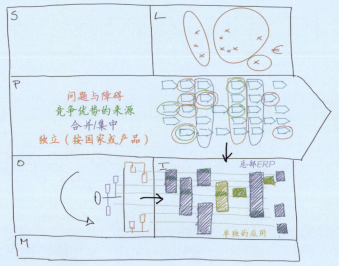

7.IT蓝图

7.IT蓝图

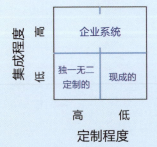

关于应用的决策

架构层面的IT蓝图

左图是一张架构层面的IT蓝图，标明了哪些主要应用程序要集成到企业系统中、哪些是定制的、哪些是现成的。在这一层面的设计上，运营模式工作并不是要形成完整的IT蓝图，而是为后面更详细的工作提供一些架构层面的指引。

通常情况下，即使在架构层面，与在这个项目中所要完成的设计相比，企业会把更多的关注放在关键数据资产上面。

EEI为定制产品设计的IT蓝图

7. IT蓝图

EEI现有各个时期遗留下来的包含200个左右IT应用的组合。这个运营模式项目有机会扭转这种局面,转向单一ERP系统。为了减少应用数量,CEO宣布,所有部门都要使用SAP标准模块(SAP已被选为供应商)。只有在为公司创造竞争优势这种必要情况时,才允许定制应用或模块。

因此,财务、HR、产品和销售都使用了SAP标准模块。但是,定制单元和开发单元(未在此图中显示)被允许拥有定制应用,因为它们在为公司创造竞争优势方面发挥了重要作用,而标准的SAP模块无法给予支持。

Repcon是应用的名字,开发的目的是帮助定制单元管理销售过程中"确定产品"的步骤。在一个确定的选项范围内,这一应用让创建大批量丰富的定制产品成为可能。

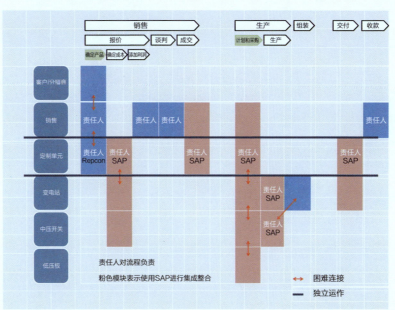

请注意,上图中的纵列是企业系统的一部分,因为这些流程涉及许多组织单元,所以需要一个集成的系统。

ERP项目实施周期漫长、昂贵而且复杂。在项目实施过程中面临决策时,有一张商定好的架构层面的蓝图作为参考是很有帮助的。该蓝图将IT与战略和运营模式联系起来,这样一来,在实施过程中做出的调整会与最初的意图保持一致。

8. 供应商矩阵

8.供应商矩阵

POLISM中的"S"

供应商是任何一个运营模式的重要组成部分。决定哪些工作公司自己做,哪些工作外包,是企业的一项重要议题。另一项重要议题是决定与每个供应商建立什么样的关系。

供应商矩阵这套有用的工具,可以帮你做出这些决策。

EEI的供应商问题

EEI面临若干关于供应商的问题:

> 在那些没有公司自己的销售团队的国家,公司应该与分销商建立什么样的关系?
> 在产品制造方面,EEI应该自己制造哪些组件和产品,而不是将它们外包?
> EEI与ERP系统的供应商SAP之间应该是什么关系?
> EEI和Repcon顾问之间应该是什么关系?Repcon是用来配置定制产品的定制化软件。

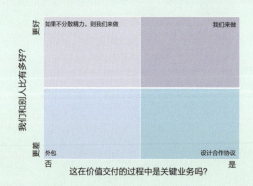

使用供应商矩阵

可以在矩阵上标出任一活动,包括作为价值链一部分的运营性工作或支持性工作,如财务、HR或IT。

矩阵中有四个方框:

1. "我们来做"意味着这项活动是运营模式的核心部分,公司应致力于成为其行业中的佼佼者。
2. "如果不分散精力,则我们来做"意味着这项活动不是运营模式的核心部分,但我们仍然可以做,因为我们擅长此项活动,除非它分散了我们做核心活动的精力,或者与核心活动有冲突。
3. "外包"意味着我们不做这项活动,我们与供应商之间会有一个简单易行的合同。
4. "设计合作协议"表明我们需要成立合资公司或建立其他相似类型的合作关系。

EEI的供应商矩阵

销售很复杂。

EEI相信，定制产品将是公司未来最大的价值来源，公司决心成为销售和配置定制产品的最佳竞争者。因此，销售定制产品的活动以及强大的墨西哥销售团队被认为是"核心"。

其他销售活动都可以由分销商完成。因此，问题在于与这些分销商的关系是哪种性质——非独家、独家还是合资公司？

由于美国市场的重要性，EEI决定：需要在美国设立合资公司，在其他重要的市场则需要独家关系。

第一步是将EEI的主要活动，以及任何对其有重要意义的更详细的活动放在矩阵中，如开发定制化软件Repcon。

8. 供应商矩阵

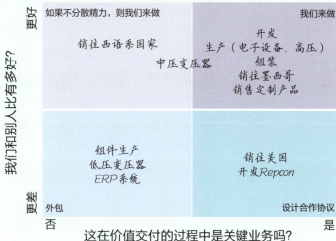

定制化软件Repcon对成功非常重要，因此EEI需要与开发商建立某种独特关系，允许它们与其他行业的公司合作，但不能与EEI的直接竞争对手合作。由于EEI只使用SAP的标准模块，所以与它在**ERP系统**上建立简单的合同关系即可。

技术开发、生产和组装被认为是EEI的强项，对交付价值而言至关重要，但有几个例外：
> 组件生产、低压变压器被认为是可以外包给当地供应商的商品项目。
> 如果还需要额外的空间，中压变压器也可以外包给别人。

第4章

9. 重新审视地点和资产

为什么要重新审视地点和资产

在完成流程责任人网格、IT蓝图和供应商矩阵之后，重新审视地点和资产通常会对运营模式设计大有帮助。这是因为在这些工作完成后，设计人员会在地点和资产方面有新的发现。

由于地点和资产涉及大量资金，往往成为设计的限制因素，所以在POLISM中"L"出现得很早。重新审视地点和资产，有助于确保在早期步骤中没有忽略重要事宜。

当然，从理论上讲，完成所有设计步骤之后，明智之举是回过头来重新审视POLISM的各个部分。但在实践中，工作往往更多是经过反复迭代的，团队会调整不同部分的设计，然后还会再回到之前的步骤。因此，不是说要按POLISM建议的那样，把设计流程当作线性的。

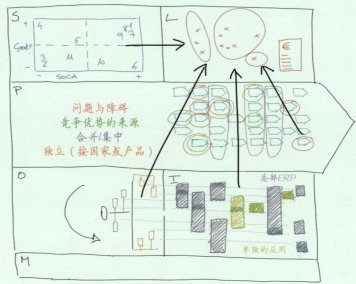

9. 重新审视地点和资产

EEI的地点问题

几个有关地点的重要问题：

> 将销售团队设在哪里？
> 是否将定制产品与标准产品的制造分开？
> 在哪里设立定制单元？
> 在哪里设立开发单元？

销售

为了实现在墨西哥以外发展的目标，EEI决定，要在每个主要市场都设立销售机构。

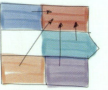

9. 重新审视地点和资产

关于使用分销商的决定减少了EEI在各国设置的直销队伍的数量。

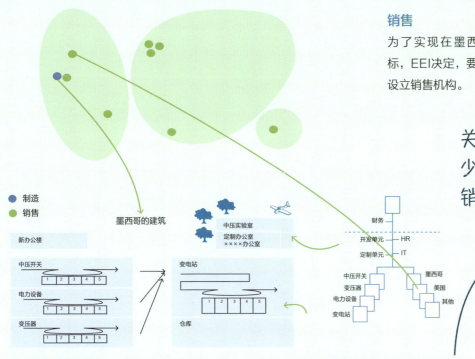

定制单元

定制单元与开发单元都位于靠近机场的新实验室建筑内。

这让定制单元的员工很容易与技术人员互动，而且离机场很近，便于拜访客户和接待客户来访。

另一个好处来自让客户参访实验室，他们会对新的办公楼和技术产生深刻的印象。

ERP系统和用于配置定制产品的定制化软件Repcon，让定制单元可以远离生产和销售单元。

定制产品的制造

由于生产线上的机器成本很高，为定制产品建立单独生产线是不符合成本效益的。定制产品需要在与标准产品相同的生产线上制造。

为了减少对制造的干扰，EEI为定制化产品安排了专门房间，以便定制产品在等待定制组件或需要特别关注时，可以从生产线上取下来放进房间。

赋予定制单元管理流程的权力，也意味着它们不需要与生产单元或销售单元在同一地点办公。

10. 计分卡和管理日历

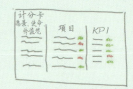

计分卡是管理系统中的重要工具，可以帮助管理者了解组织是否在不断取得成功，以及变革工作是否按计划进行。

本页中的案例是EEI团队制作的计分卡框架的草图，它被称为"平衡计分卡"，但它与更广为人知的工具"平衡计分卡"（见balancedscorecard.org）并不相同。

第一栏包含公司的愿景、使命和价值观，这一栏的时间跨度是5~10年，它确定了公司的雄心壮志，这一栏的内容来自战略。

第二栏列出了承载愿景、使命和价值观的若干项目，这些项目直接来自战略、商业模式和运营模式，明确了需要完成的变革工作。

第三栏列出了KPI，它们告诉我们，根据商业计划对公司上个月或上个季度的表现进行评估的结果。

每个月的计分卡都可以用红色或绿色来表示项目和KPI，并加以解释。

通常情况下，整个组织有一张计分卡，每个业务单元和职能单元各有一张。

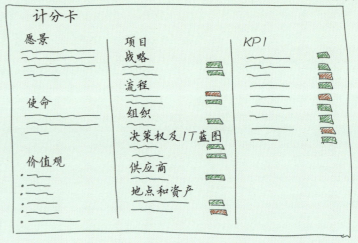

计分卡应该多久更新一次？

每次战略变更之后，都要回顾计分卡的所有内容。

每隔一段时间（通常是1年，但对快速发展的公司来说可能时间更短，例如在"敏捷"流程中，时间为6个星期），为每个项目设定目标和具体举措，并重新设定业务的KPI。

项目

计分卡上的问题之一是如何选择要涵盖的项目。在大多数公司，随时都有几十个项目在进行。因此，计分卡应该只包括最重要的项目，即那些让公司发生巨大转变的项目。

你可以看到EEI回顾运营模式时所产生的项目清单。

你会注意到，有两种类型的项目。一类回答公司要做的"是什么"，另一类回答公司要"怎么做"。

"是什么"类型的项目来自战略目标，而"怎么做"类型的项目则来自"将来时"的运营模式设计。

在可能的情况下，项目应该可量化。当然，不太可能把它应用到所有项目，但是，一个可量化的项目比没法量化的项目更容易监控和管理，也更容易实现。

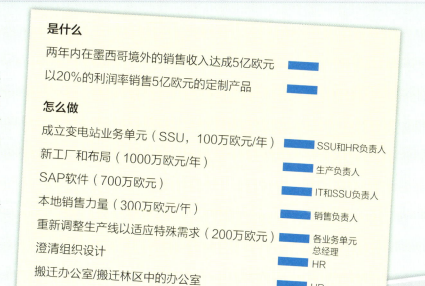

是什么

两年内在墨西哥境外的销售收入达成5亿欧元

以20%的利润率销售5亿欧元的定制产品

怎么做

成立变电站业务单元（SSU，100万欧元/年） — SSU和HR负责人

新工厂和布局（1000万欧元/年） — 生产负责人

SAP软件（700万欧元） — IT和SSU负责人

本地销售力量（300万欧元/年） — 销售负责人

重新调整生产线以适应特殊需求（200万欧元） — 各业务单元总经理

澄清组织设计 — HR

搬迁办公室/搬迁林区中的办公室 — HR

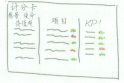

10. 计分卡和管理日历

管理日历

POLISM中的"M"

一旦运营模式的所有其他元素设计出来,就能设计出包含会议和流程的管理日历,来规划和运营组织。

EEI的管理系统问题

对于EEI正在进行的变革,管理系统存在的重要问题有:

> 要在定制产品上取得成功,该如何管理所有的变革项目?
> 在传来市场成功或失败的信息时,要以什么样的频次去重新审视战略?
> 当难以预测某些国家的销售情况时,如何设定目标和管理绩效?
> 在如此多的变化中,如何坚持聚焦于持续改进?

作为运营模式项目的一部分,EEI并没有设计这样的管理日历,而是把重点放在了右侧的计分卡上。

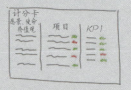

10. 计分卡和管理日历

管理系统	1月	2月	3月	4月	5月	6月	7月	8月	9月	10月	11月	12月
董事会(B)/执行委员会(EC)	EC	EC B	EC	EC B	EC	EC B	EC	EC	EC B	EC B	EC	EC B
战略规划			—	*			*					
预算编制和目标设定							*	—			*	
绩效监控(P)	P	P	P	P	P	P	P	P	P	P	P	P
人才盘点				—	*							
主要项目回顾(MP)	MP	MP	MP	MP	MP	MP	MP	MP	MP	MP	MP	MP
持续改进	—	—	—	—	—	—	—	—	—	—	—	—

第4章 为业务创建一个"目标状态"或"将来时"的运营模式

EEI的管理系统

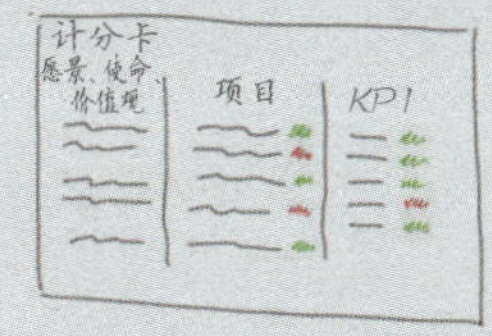

EEI 决定在一系列月度会议上运行其管理系统，这些会议是围绕计分卡设计的（如下图所示）。每6个月制定一次目标。只要有需要，就会随时对战略进行讨论。

6个月 被认为是恰到好处的，因为公司正在经历如此多的变化，如果用1年来预测，那时间就太长了。

战略 需要被持续回顾，因为公司正在探索新的市场。

持续改进 由对KPI的密切监控来推动。

10. 计分卡和管理日历

每月强化愿景、使命和价值观

每个项目的绩效指标都有颜色标记

每个项目都有明确的章程

每个项目的月度报告由CEO审查

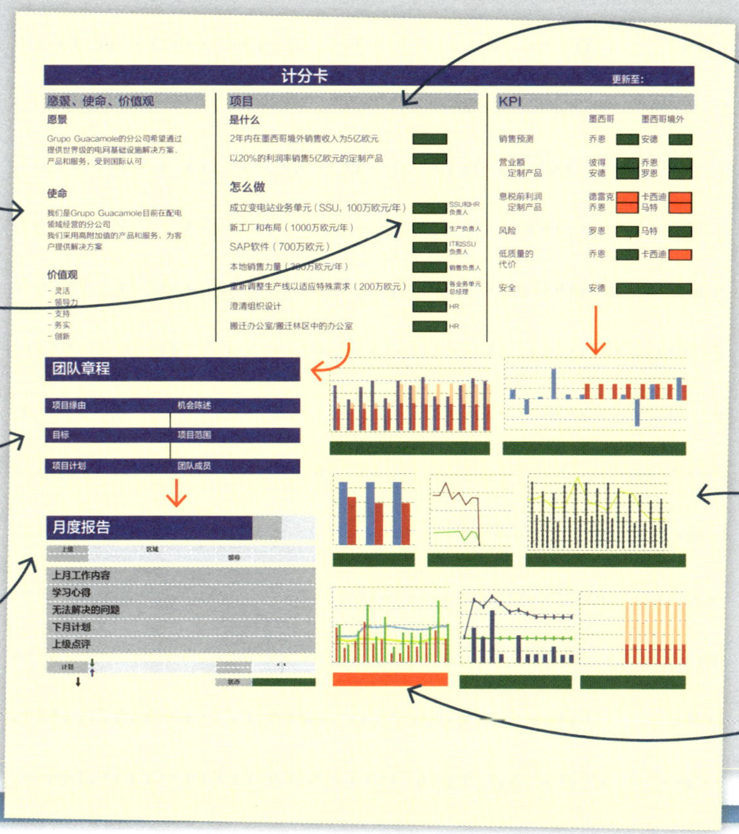

项目排在KPI之前，因为公司的生死存亡取决于这些变革项目

关于每个KPI的图表展示了随着时间推移的持续改进，如果没有改进，则为红条。

EEI取得成功

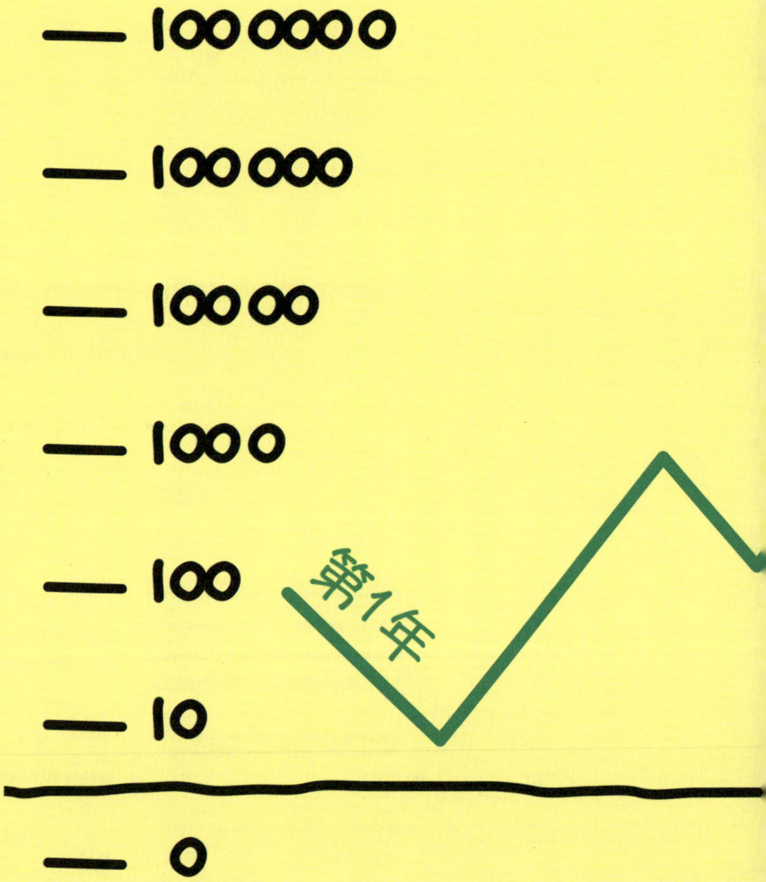

在随后的6年中，公司：
- 销售额提高了2倍。
- 员工人数增加了1倍。
- 直销国家数量增加了1倍。
- 海外销售占比从5%提高到38%。
- 利润提高了2倍。

— 1000000
— 100000
— 10000
— 1000
— 100
— 10
— 0

第1年

但这也是一项艰巨的工作，高层团队成员有25%都变了，同时还有100多人失去工作，或其业务被出售或外包。

没有痛苦，就没有收获！

第5章 为职能部门创建运营模式

EEI公司的IT部门　180

EEI公司IT部门运营模式的设计步骤　182

- 价值链地图　184
- 供应商矩阵　186
- 地点　188
- 组织结构图　190
- 决策权　191
- 重新审视地点和资产　192
- 管理系统　193

总结：给IT专家的一些参考资料　196

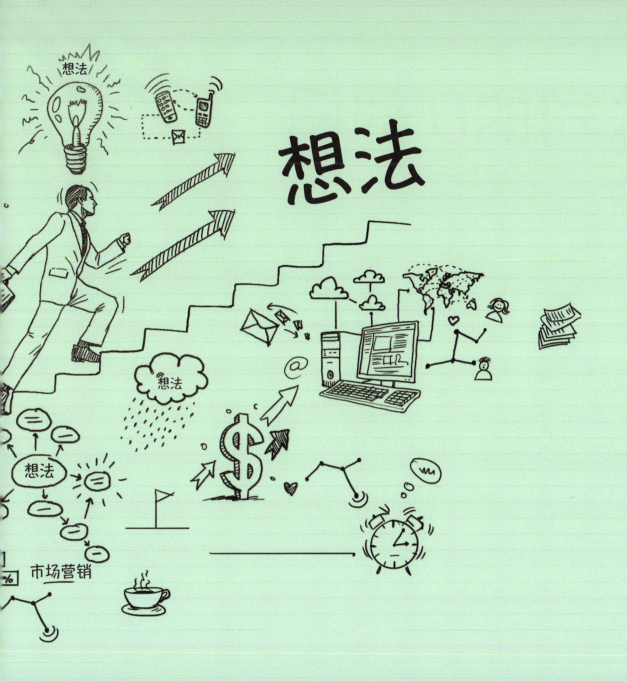

第5章

EEI公司的IT部门

部门层面的运营模式
在使用运营模式方法论创建了EEI架构层面的"将来时"运营模式后,随之而来的任务是要创建一个IT部门层面的运营模式。由于IT部门的历史原因,这项工作对EEI公司而言是尤为重要的。

EEI公司IT部门的历史
当EEI还是一个在单一地点运营的本地公司时,其IT服务相对简单。IT部门负责所有IT工作。

在某个时间点,拥有EEI的家族中的某位成员接管了该部门,并由此创办了一家名为TodoTIC(TT)的独立公司。

其目标是在继续服务EEI公司的同时能为其他公司提供服务。IT职能转变为一项独立的业务。EEI公司期望IT员工通过掌握市场所需的标准为其提供更为优质的服务。

事后看来,这种安排反而导致了问题的出现。因为在该独立公司创办后,EEI公司里没有一个人具备提供IT服务的技能。希望都寄托在新的IT业务能为EEI公司提供高质量服务。

但是,随着新的IT业务积累了大量外部客户,TodoTIC公司面临着两难选择,是应该优先服务EEI公司还是新的客户呢?

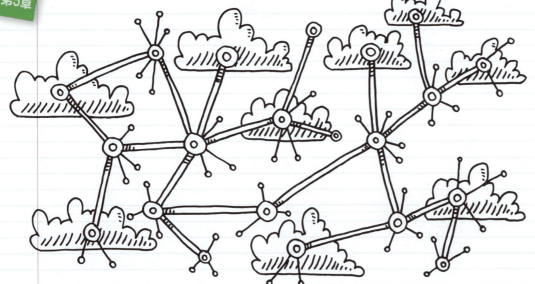

业务规划

与此同时,由于新的IT业务积累了越来越多的外部客户,EEI正演变为一家更复杂的公司。其业务扩张到新的国家并在标准产品线以外增加了定制产品。

EEI公司认为它需要一个ERP系统来实现跨产品线和跨国家的协同。该系统需要在一些国家通过本地语言界面来提供本地化的应用。而TodoTIC无法提供全部的支持服务。

因此,CEO要求业务流程优化负责人在EEI内部为新的IT职能创建一套运营模式。

接下来的部分总结了他是如何开展此项工作的。他选择使用运营模式画布作为蓝本,但并没有机械式地套用。

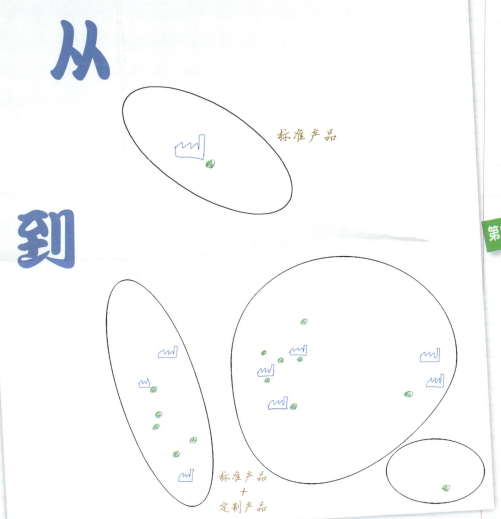

EEI公司IT部门……

为什么选择这套流程？

从这个例子中你会发现，循规蹈矩地按着流程步骤设计运营模式并不是最为有效的方法。

在这个例子中，分析和设计的顺序都是围绕着每一阶段最紧迫的问题设置的。从价值链地图入手，然后工作重心转为供应商矩阵，因为接下来一个至关重要的问题是价值链地图中的哪些工作应该在EEI公司内部完成。就当时而言，这是EEI公司内部讨论的核心问题。而且，正如你稍后将了解到的，做出这些决定并非易事。

接下来将设计工作焦点转移到地点上，因为EEI公司需要为正在进入的那些新的国家准备一套解决方案，这一点尤为重要。

之后的设计工作聚焦到组织层面：IT部门需要具备什么样的人员配置和组织结构，才能在确定需求的同时管理好供应商。

该项目负责人进而要考察在IT部门中应由谁来负责哪些流程以及由谁来做出哪些决策。

为了列出设立新职能所需的投资清单，工作焦点又重新回到地点上。

最后，公司开发了一套IT计分卡，包含愿景、使命和价值观，所有主要项目的清单以及用来评估IT团队绩效的指标清单。

设计原则从何而来？

接着读下去，你会发现EEI公司IT部门运营模式的设计工作并没有正式列明任何设计原则。虽然我并不推荐这种做法，但它仍是可行的。实际上，在项目负责人的头脑中，他对设计原则是十分清楚的。这些原则包括"一个ERP系统""尽可能外包""考虑TodoTIC""只有在为公司创造竞争优势的情况下才开发定制化应用"。

……运营模式的设计步骤

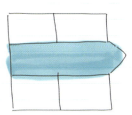
1. 价值链地图

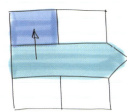
2. 供应商矩阵

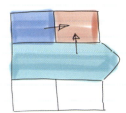
3. 地点

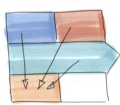
4. 组织结构图

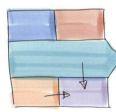
5. 决策权

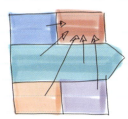
6. 重新审视地点和资产

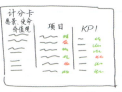
7. 管理系统

EE1公司IT部门运营模式的设计步骤

1. 价值链地图

1. 价值链地图

细分EEI公司的IT职能

第一个挑战是通过IT部门所提供的不同服务来细分IT职能。被细分出来的四项服务如下：

- ERP管理。
- 通信管理。
- 办公系统管理。
- IT基础设施。

ERP管理包括所有与公司业务流程的定义、优化和自动化相关的活动。这个价值链包括选择一套合适的ERP系统，制定预算或业务规划，确定需要定制的项目和安装系统，安装后的运行和维护工作，评估效果以及处理用户诉求和问题。

通信管理包括公司内网和外网所需要的全部相关活动。这个价值链包括定义需求，制定业务规划，确定项目，运行和维护系统，评估效果以及处理出现的问题。

办公系统管理包括选择、安装和维护基于Office办公系统的公司的标准应用，包括邮箱、Word、Excel、互联网等。

IT基础设施包括选择并管理用于支持ERP系统、通信系统和办公应用的个人电脑、服务器、路由器以及其他相关设备。

价值链地图

在绘制出四类细分服务各自的价值链后，团队认为价值链中的以下步骤较为相似：

- 定义战略。
- 预算或业务规划。
- 项目和KPI。
- 执行。
- 效果评估。
- 用户服务管理。

定义战略是指选择解决方案并定义未来五年的愿景。

预算是指制定与战略相符的业务规划并筹备年度预算。

项目和KPI是指定义并设立达成目标所需的项目，同时也定义出需要达成的KPI。

执行是指实施项目并运行和维护系统（有可能被外包）。

效果评估是指用数据来衡量绩效达成KPI的程度。

用户服务管理是指管理呼叫中心和用户交互界面。

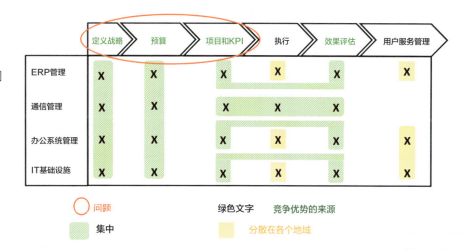

问题与优势

问题。由于EEI公司几乎没有IT专长并需要改变其运营方式，所以问题存在于价值链的开始部分：*定义战略*、*预算*、*项目和KPI*。现有供应商显然无法解决这些问题。*执行*、*用户服务管理*通常并不是问题。现有供应商完全可以胜任这些任务（ERP管理除外）。

竞争优势/卓越运营的来源。如果IT职能能够有效地支持EEI公司进入新的国家并增添定制产品或服务，那么IT职能将成为竞争优势和卓越运营的来源。因此IT部门需要选择正确的解决方案，定义适当的项目，确定恰当的KPI并恰当地进行效果评估。而这些方面目前都是问题所在。

集中或分散

集中是指所有可以集中在IT职能内部的活动。*定义战略*、*预算*是最适合由IT职能主管一起完成的两个步骤。

至于*用户服务管理*，由于需要在本地提供（很有可能外包）相关服务，因而可以将其分散在各个地域。在大多数服务领域，本地化因素也是*执行*过程中需要考虑的重要部分。

项目和KPI、*效果评估*需要由四类服务中各自领域的专家在墨西哥集中完成。

2. 供应商矩阵

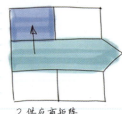

2. 供应商矩阵

> **为什么在这一节点上考虑供应商，而不是在组织、地点和信息之后？**
> "我们应该做什么和其他人应该做什么？"这一问题成为价值链地图之后最重要的议题。当团队考虑"问题"和"竞争优势的来源"时，他们意识到了一个大问题。由于利益冲突，外部供应商有可能无法很好地完成这些步骤，然而EEI公司内部也不具备完成这些步骤的技能。

供应商矩阵（见下页插图）

供应商矩阵是被用于检验该问题的。在矩阵中绘制出流程步骤。在**"与外部供应商相比，我们有多优秀？"**这一维度上的问题很容易得到答案。由于EEI公司不具备所需技能，与外部供应商相比，公司在各个步骤上都稍逊一筹。

通过使用价值链地图进行分析，在**"这是竞争优势的来源吗？"**维度上的问题也很容易回答。

矩阵图分析

在矩阵图中，橙色的步骤处于"外包"部分，而绿色的步骤在矩阵图中的"自己干"部分。

由于橙色的步骤已经被外包出去了，矩阵图表明没有需要改变的。

问题来自绿色的步骤。EEI公司如何为此类步骤设计合作协议？团队认为，为这些步骤开发一套合适的合作协议将十分困难。他们需要自己掌握这些技能。这就意味着要在EEI公司内部培养这些技能，如矩阵图中的箭头所示，EEI公司将需要在这些步骤中获得领先于供应商的技能。

从矩阵图中衍生出来的活动

EEI公司的结论是，如果给现有员工培养这些相关的技能，则需要花费太长的时间，所以需要从外部招聘。EEI公司联系了目前的供应商TodoTIC，但是，因其拓展自身业务的需要，该公司不愿意放走这些人员。

因此，EEI公司决定继续从外部寻找具备相关技能的人员。

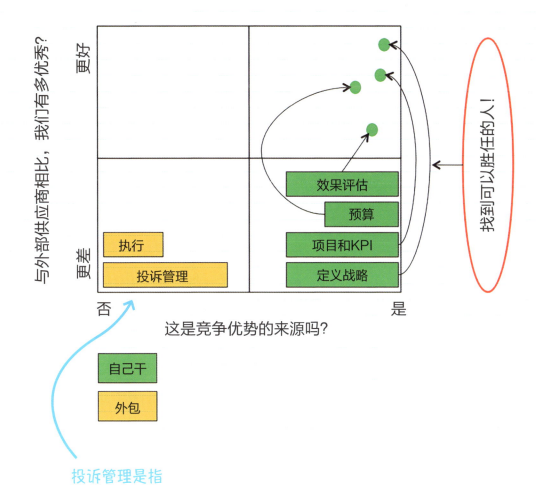

2. 供应商矩阵

第5章

3. 地点

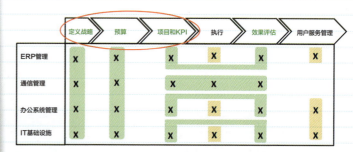

3. 地点

> **为什么在这一节点上考虑地点，而不是在组织之后？**
>
> 在价值链地图中，团队决定(至少ERP管理和办公系统管理的)"执行"和"用户服务管理"应"分散在各个地域"。这两项活动是可以被外包出去的（详见供应商矩阵）。遗憾的是现有供应商不具备在墨西哥境外提供这些服务的能力。
>
> 因此，在考虑组织结构之前，团队就"分散在各个地域"在资源方面的实际意义，以及将这些活动外包是否合适进行了讨论。在这一环节，地点分布图是十分有用的。

地点分布图

团队在下一页的地图中标注了需要用本地语言提供IT支持的区域。与EEI公司的地点分布图相比，IT部门的地点分布图标注出了更多的地点，因为IT团队认为他们需要长远考虑。

位于墨西哥的总部团队将负责价值链中的*定义战略*、*预算*、*项目和KPI*以及*效果评估*工作。然而，额外还有大约15个地区需要*执行*和*用户服务管理*。

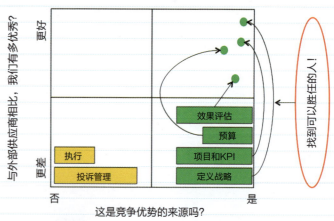

分包协议

显而易见，按工时计算，90%以上的工作将在橙色地点完成。

当前的供应商能够覆盖墨西哥和3个拉丁美洲国家。所以公司初步的设想是通过雇用额外的分包商来覆盖其他国家。

但是EEI公司并不具备识别和招募优质供应商的技能。因此，它们决定把全球范围内的合同给到现有的供应商TodoTIC，并由其寻找当地的分包商。现有的供应商具备选拔合格分包商的技能。

就负责管理所有分包商的事宜，EEI公司与现有供应商制定了KPI和惩罚机制。

由于这也是现有供应商的发展机会（不要忘记，现有供应商的股东和EEI公司的股东同属一个家族），EEI公司在*执行*和*用户服务管理*的谈判活动中获得了不错结果。

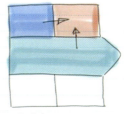

3. 地点

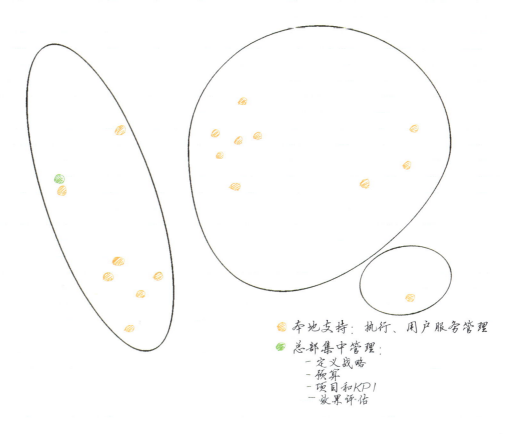

- 本地支持：执行、用户服务管理
- 总部集中管理：
  - 定义战略
  - 预算
  - 项目和KPI
  - 效果评估

4. 组织结构图

组织模型

在项目启动前，业务流程优化（BPI）总监做出的第一个决定就是雇用一位IT总监。他需要一位懂IT的人来协助他完成运营模式的设计。BPI总监认为EEI公司需要定义其自己的IT战略和运营模式，可是说服现有供应商TodoTIC并非易事。但他坚信从中期和长期来看，这对两家公司都是更为合适的安排。

幸运的是，TodoTIC十分清楚，其真正目标并不是在EEI公司创建一个庞大的IT部门。所以，双方的合作进展顺利。

价值链地图上显示的结果使得BPI总监确信EEI必须掌控IT职能中的*定义战略和预算*工作。这将是IT总监的核心工作。这在组织结构图中呈现为一项由总部集中管理的活动，但这并不意味着需要一位独立负责人。

*项目和KPI、效果评估*需要由每一个领域的专家来完成，因此决定为包括ERP、通信、基础设施和办公系统在内的每一条服务线都指派一位负责人。这些负责人将在各自的领域里与IT总监共同制定战略和业务规划，然后通过供应商定义并管理项目和整体表现。

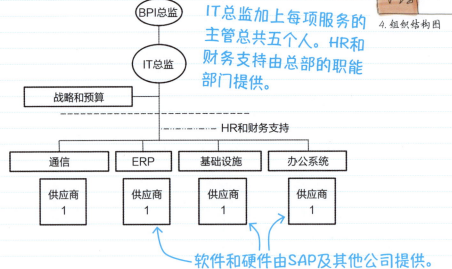

4. 组织结构图

IT总监加上每项服务的主管总共五个人。HR和财务支持由总部的职能部门提供。

软件和硬件由SAP及其他公司提供。TodoTIC负责执行和用户服务管理。

分析组织模型

问题和障碍。由于除了IT总监以外，组织结构图中所有岗位的人员都没有到位，这些都是待解决的问题。此外，EEI公司需要找到的人既要具备技术知识来定义并管理项目，又要能探讨战略并与TodoTIC建立关系，还要足够强势以便给TodoTIC委派工作。

困难连接。与TodoTIC合作的部分被认为是最为困难的连接。

竞争优势的来源。在这个精干的IT部门内，所有的角色都要成为竞争优势的来源。

分散。通过为每一项服务设置专职负责人（主管），EEI公司逐渐意识到，与笼统的整体管理相比，对不同服务进行分别管理好处更多。

5. 决策权

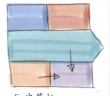

RAPID分析

团队完成了RAPID分析以确认这个IT部门中五人各自不同的角色。

BPI总监保留了对IT预算的决策权,IT总监可以给出相关的建议。当然,BPI总监的决定将接受EEI公司CEO和执行委员会的质询。然而就IT职能而言,BPI总监对预算拥有最终决定权。

	定义战略	预算	项目和KPI	执行	效果评估	决策权
BPI总监	同意	决定				
IT总监	决定	推荐			同意	
ERP主管	推荐		决定		决定	
通信主管	推荐		决定		决定	
基础设施主管	推荐		决定		决定	
办公系统主管	推荐		决定		决定	
供应商				执行		执行

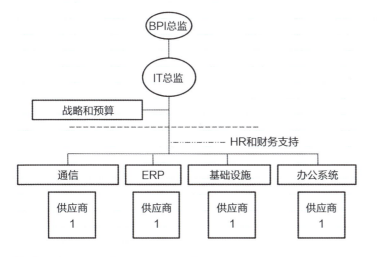

在所有四个服务领域中,IT总监拥有IT战略决策权。服务主管应向IT总监提出建议。

在所服务的领域中,每位主管都有定义项目、KPI和监督供应商表现的决策权。项目的交付和IT执行全部外包给了供应商。

6. 重新审视地点和资产

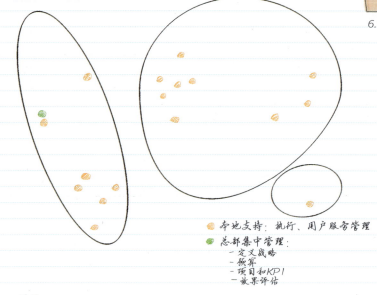

6. 重新审视地点和资产

持有什么资产？

为了确保每一地点所需要的投资能够支持这次转型，BPI总监重新审视了地点这一议题。

经过一系列讨论，EEI公司决定应当尽可能少地持有IT资产。BPI总监认为公司不具备维护IT设备的能力。基础设施主管应该有能力就设备配置和选型给出建议，但不需要承担"上线时间"和"维护"的责任。基于以上决定，所有的资产都采用租赁的形式。

即便如此，项目成本仍然相当高昂。总的资本投入预计为700万欧元，每年的运营成本为260万欧元。

本地支持：执行、用户服务管理

总部集中管理：
- 定义战略
- 预算
- 项目和KPI
- 效果评估

项目		
招聘具有相关知识的人员	HR总监	30万欧元/年
ERP实施	ERP事项	700万欧元/年 +100万欧元/年
通信 定义+实施	通信事项	20万欧元/年
基础设施	基础设施选型	40万欧元/年
办公系统	办公系统事项	70万欧元/年
定义战略	IT事项	

700万欧元+
260万欧元/年

7. 管理系统

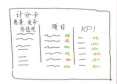
7. 管理系统

出于保密原因，该图表中的部分细节已被隐去。

IT计分卡				KPI	
愿景	项目			KPI	
———	🟢 招聘具有相关知识的人员	HR总监	30万欧元/年	可用性	
———	🔴 ERP 实施	ERP单项	700万欧元/年	– ERP	🟢
			+100万欧元/年	– 基础设施	🟢
使命	🟢 通信 定义+实施	通信单项	20万欧元/年	– 通信	🔴
———	🟢 基础设施	基础设施选型	40万欧元/年	– 办公系统	🟢
———	🔴 办公系统	办公系统单项	70万欧元/年	投诉数量	
	🟢 定义战略	IT单项		– ERP	🟢
价值观				– 办公系统	🔴
———			700万欧元+	预算执行	
———			260万欧元/年	– ERP	
				– 基础设施	🟢
				– 通信	🟢
				– 办公系统	🟢

第5章

六张关于"IT"的图表

即便对于只有五人的职能团队,为其创建一个运营模式仍是不小的工作量。

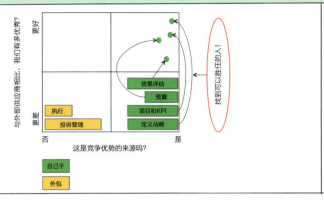
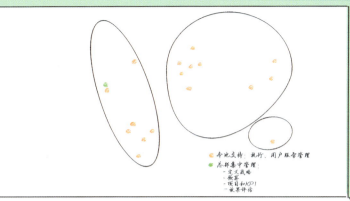
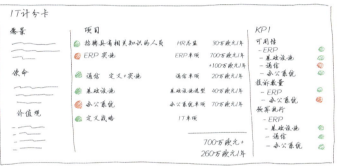
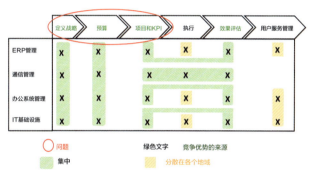
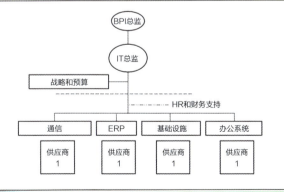
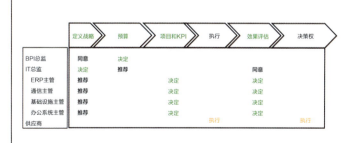

第5章

六张关于"IT"的图表

总结：给IT专家的一些参考资料

IT参考架构

The Open Group（详见第131页）为IT职能创建了一个可供参考的价值链地图（见下图）。你将看到其与第185页的价值链地图至少在计划、构建、交付、运行的顺序上有一些相似之处。同时，两者之间的差异也非常值得深思。

EEI的价值链地图更多地聚焦在不同的服务上——ERP、办公系统等。这引出了一个有趣的问题：考虑到对运营模式，尤其是组织结构和人才模型带来的影响，将IT视为一条价值链还是多条价值链，哪一种更有帮助。

将IT视为多条价值链的论点来自市场中的供应商，其中大多数供应商只专注于细分领域或至少拥有专注于细分领域的子业务单元。EEI的价值链结构可能受到了这一因素的影响。

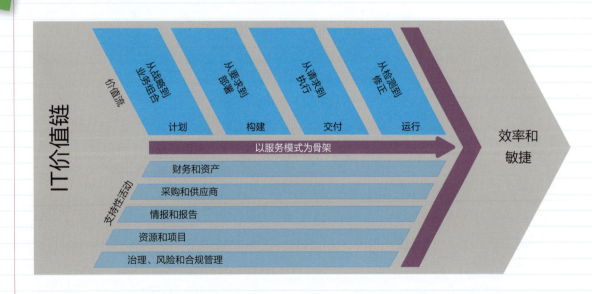

参考架构

The Open Group和很多咨询顾问都热衷于为不同的职能部门和不同类型的业务创建参考架构。下方案例来自一家名为BizzDesign的咨询公司。这是一张来自其联合创始人马克·兰克霍斯特的保险行业的能力参考地图。

这类参考架构的好处就是节省工作量。团队可以将参考架构视为运营模式设计工作的出发点。

其隐患在于有了这些参考，团队就不大可能从客户和价值主张开始，反推出价值链和价值链地图。

因此，对于运营模式设计工作，尤其是那些最需要战略思考的公司架构层面的工作，我们对这些辅助工具要一分为二地看待。参考和标杆是有所裨益，但你也不能让它们越俎代庖。一切须从首要原则出发：你试图做什么？为谁做？以及为什么做？

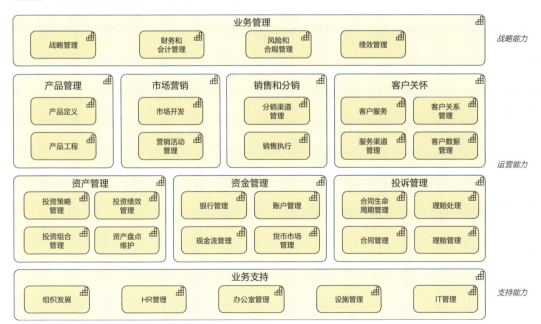

第6章 运营模式变革案例

完善一家保险公司的战略变革管理　200

解决共享销售团队引发的复杂性问题　202

为定制产品的设计团队提速　204

重构一家欧洲零售商的HR部门　206

改变失业救助部门的运营模式　208

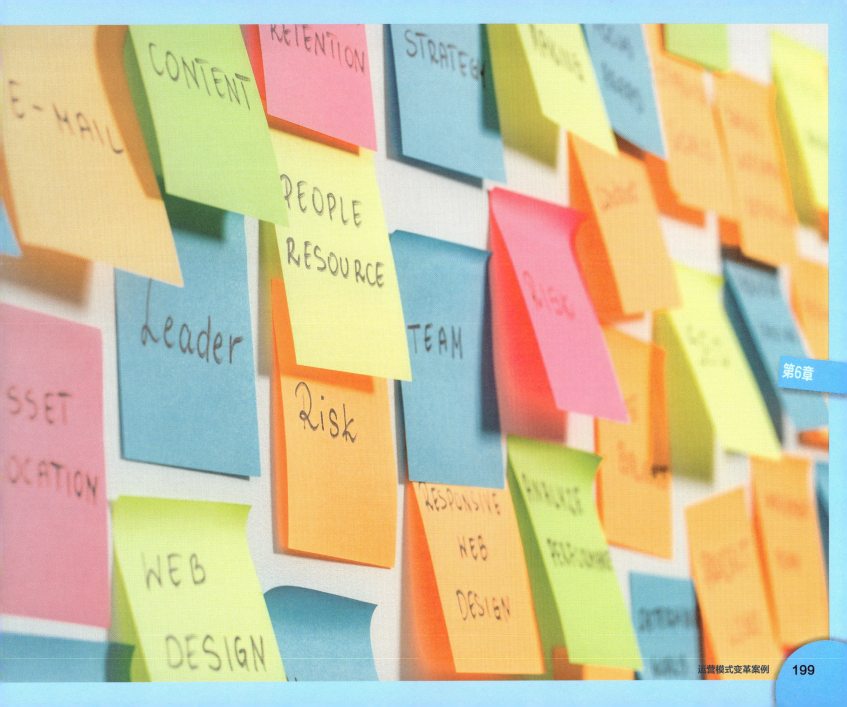

第6章

运营模式变革案例

完善一家保险公司的战略变革管理

一家大型人寿和养老保险公司希望提升应对变革的能力。此前，该公司在战略、商业模式、变革、精益和技术等各个专业领域都设有独立的团队。当变革项目从一个团队交接到另一个团队时，会产生大量的文档、签署流程以及交接要求。由于变革进程过长，原有规划需要根据不断变化的条件做进一步的调整，这导致了大量的重复工作和文档重写。结果使得变革既缓慢又花销巨大。

组织确立了几条设计原则：
- 提供更快速且更及时的变革响应能力。
- 将变革的理念从一切都需100%准确无误转变为"快速上线新功能"。
- 在多次"冲刺"中实现变革，以满足不断变化的需求。
- 减少在文档上耗费的时间。
- 在团队之间分享技能。

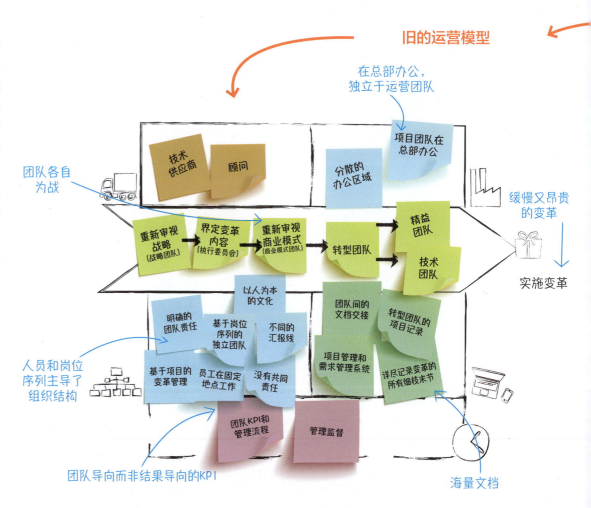

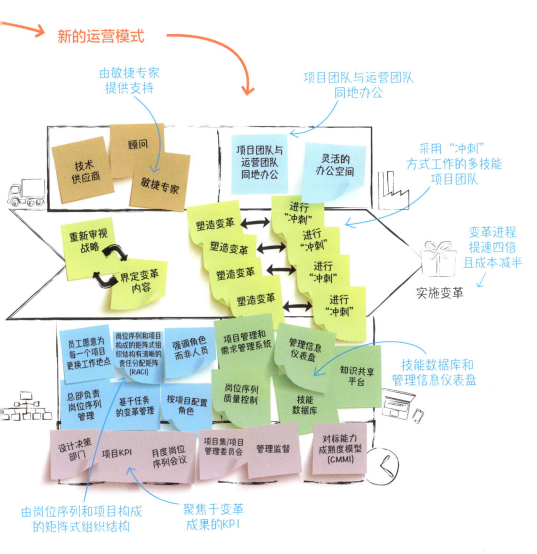

流程
从只有文档交接的职能孤岛到采用敏捷方法并聚焦变革项目的多技能团队。

组织
搭建矩阵式组织结构，其中职能部门负责人管理各个岗位序列，转型负责人负责项目的日常管理。转型团队为变革成果负责，职能部门为胜任力和人员发展负责。基于专业能力素质、价值观以及在不同地点并担任多个角色的意愿制定人员的职业路径。那些不合适的人将从组织中淘汰。

地点
现在项目团队与运营团队一起办公。职能负责人也在总部办公，推动流程开发和协作。

信息
现拥有技能数据库、基于项目的信息系统和知识共享平台，并开放全部访问权限。

供应商
要求供应商具备敏捷工作方面的经验。

管理系统
设计决策者们要确保多个项目能促进组织整体的发展。
基于项目的KPI。
强有力的管理监督机制。对标能力成熟度模型（CMMI）。

完善一家保险公司的战略变革管理

解决共享销售团队引发的复杂性问题

一家拥有三个产品部门的美国公司遇到了一些绩效方面的问题。相当一部分细分客户并没有得到很好的服务。它的产品部门对于瞬息万变的市场变化反应迟钝。尽管销量在增长,但是利润却没有提升。

几年前,该公司为了节省成本,创建了一个横跨三个产品部门的多产品线销售职能团队。随着产品部门发展壮大,经理们开始抱怨由于共享销售团队的复杂性所导致的一系列问题,比如决策日渐迟缓、成本不断上升,以及产品部门与客户的互动变得困难。销售部门的经理们则对产品部门的产品开发进展缓慢、目标不清、规划和目标设定流程烦冗颇有微词。

为了加速业务增长和提升利润,CEO决定重新审视公司的运营模式。

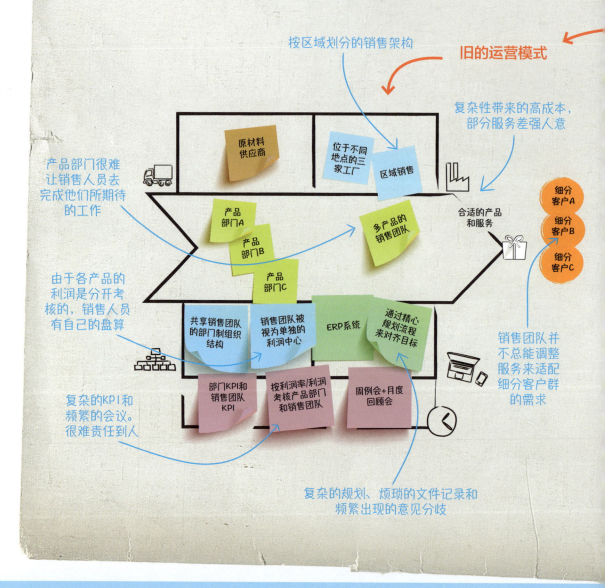

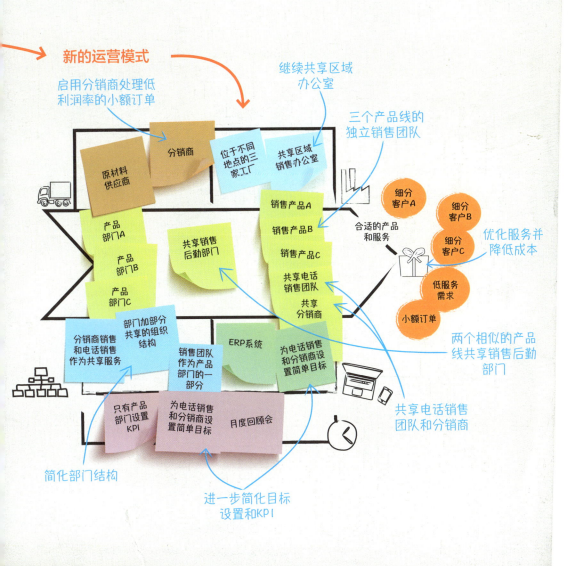

流程
从共享的销售团队调整到以产品部门划分的销售团队，但保留部分管理费用的分摊，同时为服务需求低的客户保留共享电话销售团队，并为小额订单保留共享分销商的机制。

组织
简化组织结构以便产品部门承担全责。共享的部分只有"共享服务"。

地点
没有变化。

信息
减少了跨产品线的协同工作。

供应商
小额订单通过分销商来完成。

管理系统
简化问责制。
由产品部门制定各自的决策。
共享部分设定为成本中心。
将管理层周例会调整为月度会议。

为定制产品的设计团队提速

一家公司的定制化业务正在同时丧失市场份额和利润率。竞争对手不仅能为客户更快速地设计出产品,而且看起来设计成本更低。

这家公司一度坚信自身拥有优秀的设计师和领先的技术。与此同时,它也为其强大的设计流程感到自豪,该流程可以确保设计的产品在交付客户之前完全合规并通过测试。

对定制产品的设计团队的分析表明,问题是同时参与每个项目的设计师过多导致的。数据显示,参与项目的设计师越多,设计工作的耗时就越长。

与此同时,部分客户认为产品有时候存在过度设计的现象。其中包含了客户并不需要的功能和技术。

另外一个问题则源于将设计的产品交付给客户之前需要经过种种审批步骤。这些瓶颈导致了项目延迟。

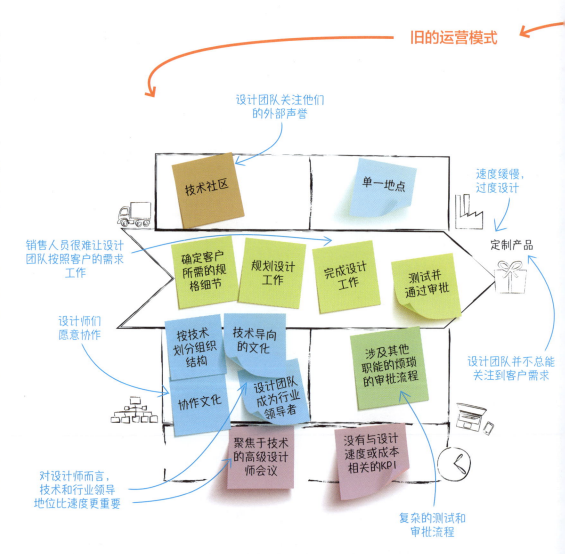

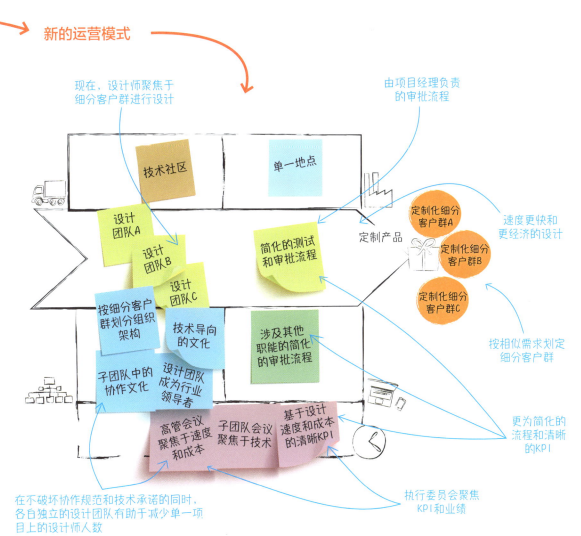

流程

在设计流程不变的情况下，通过减少设计师数量来限制团队规模。简化审批流程。

组织

人才模型保持不变。为不同的细分市场组建规模更小的团队。创建独立的团队来负责审批工作。

地点

没有变化。

信息

简化与其他职能部门的连接。

供应商

没有变化。

管理系统

两级会议确保能分别聚焦于业绩和技术。

清晰的KPI使团队聚焦于速度和成本。

团队间的比拼有助于提升对速度和成本的关注。

重构一家欧洲零售商的HR部门

该公司拥有两个零售品牌：分属于杂货业务单元和时尚与家居业务单元。两个业务单元都有线上业务。

该公司对员工家长式的关怀和支持文化促使HR部门越发庞大，其职能涵盖了员工发展、薪酬和福利管理、人才培养、企业社会责任和其他领域。

问题来自多个维度。因公认其成本过高，所以公司有意优化HR部门并削减其成本，特别是其管理结构和用于员工发展的成本。由于业务单元各自持有不同的观点，仅为满足细微的偏好差异，往往就要耗费巨资重新设计培训项目。

公司也有意将一部分HR成本划归到如"分析"和"多元融合"领域，同时使HR工作更具战略性并减少被动性。

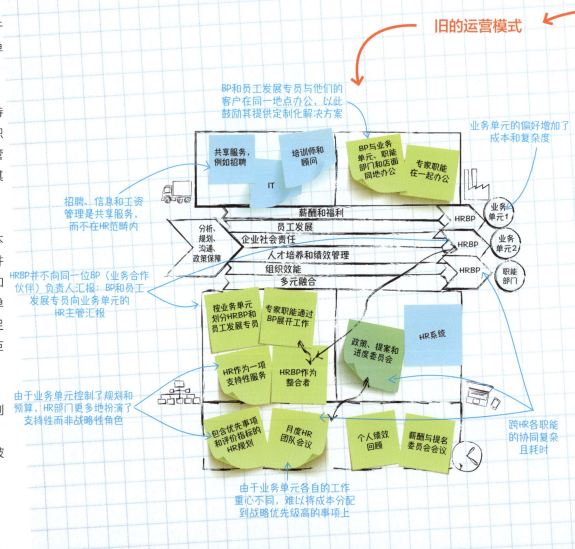

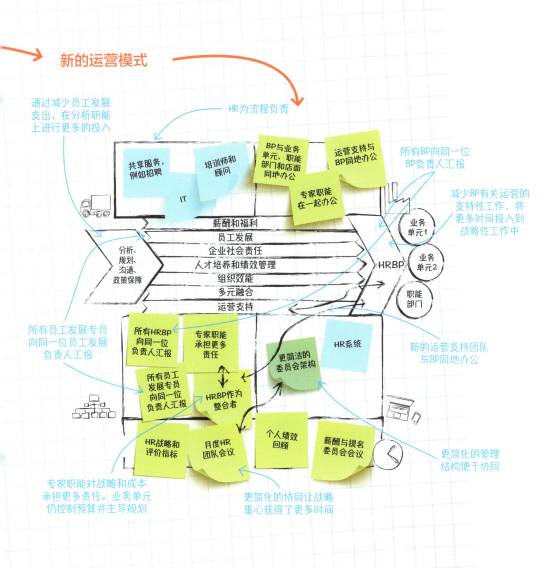

流程
流程步骤没有变化。跨业务单元标准化带来更低的员工发展成本。在多元融合、分析和战略职能上增加投资。

组织
改变BP和员工发展职能的汇报结构。新的运营支持团队释放出BP的时间，以便BP开展战略性工作。减少BP的管理层级。

地点
运营支持部门像BP一样，靠近业务单元办公。

信息
协同上更为简化。

供应商
现在HR为流程负责，包括由各个共享服务部门执行的流程。

管理系统
更为清晰的HR战略赋予专家职能更多的责任。更简化的协同赋予战略对话更多的时间。

成果
成本得以降低。其他影响尚不清楚。

重构一家欧洲零售商的HR部门

改变失业救助部门的运营模式

该组织是一个政府部门,负责提供失业救助金,如失业补助、低收入人群的在岗补助和单亲家庭补助。

这些救助金通过遍布全国的"就业办公室"来发放。申请人需要前往就业办公室或拨打服务热线来办理手续。他们的申请被评估后会转交到"救助团队"。救助团队在完成进一步评估后将签发救助初审文件。

文件被发到本地办公室后,申请者在此完成面谈和下一步评估。随后,文件会被发回到救助团队进行最终审批。其间可能会产生申诉和法律诉讼。救助金通过银行转账形式发放。

由于失业补助即将与住房补助和税收减免等福利整合成为"综合救助",统一由"就业办公室"进行管理,因此需要进行运营模式的变革。与此同时,该组织也希望实现进一步的降本增效。

第6章

旧的运营模式

脱敏后的示例

由于工作量变化和各自为战的现状,存在效率提升的机会

大部分IT工作外包给多个供应商

IT服务供应商

呼叫中心供应商

技能培训供应商

呼叫中心、救助团队和支付团队在成本较低的地点办公

客户顾问只有单一服务专长,因而需要多次工作交接

由政府提供财务、HR等中央职能

职业介绍供应商

就业办公室设置在城镇

部分呼叫中心外包

通过呼叫中心提出申请

由救助团队处理申请

由在岗补助柜台进行面谈

由失业补助柜台进行面谈

银行转账给申请者

在职者

失业者

单亲家庭

职能结构——呼叫中心、救助团队、就业办公室和支付团队

每个职能团队有不同的人才模型

由单亲补助柜台进行面谈

多套IT系统、多家外包供应商

分散的IT系统

职能团队各自为战

各自为战

卓越运营团队

年度预算和规划

月度高管会议

各自进行绩效管理

割裂的绩效管理

运营模式变革案例

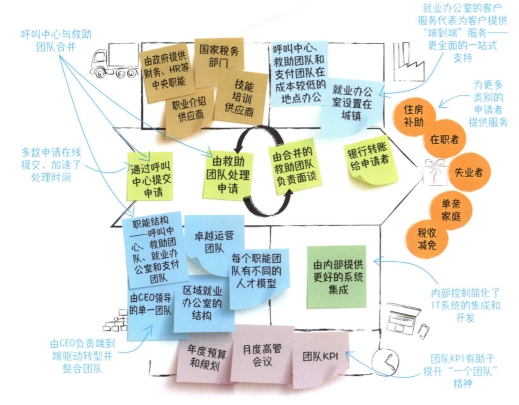

流程
基本的流程保持不变，但组织会为更多类别的申请者提供服务。由内部提供呼叫中心和IT服务。所有就业中心共享一个"服务柜台"。

组织
将呼叫中心和救助团队合并以确保可以分担工作压力。CEO成为唯一负责人，驱动转型并整合各个团队。

地点
没有变化。

信息
组织内部提供的信息系统使得系统的集成和开发变得更加简单。

供应商
国家税务部门提供收入所得税的相关信息。

管理系统
以团队为单位进行KPI考核，以产出更好的绩效。

成果
在减少成本的同时为公民和纳税人带来更好的效果（更多的人得到工作；增加工作时长）。

第6章

改变失业救助部门的运营模式

推荐阅读

商业模式新生代（经典重译版）

作者：（瑞士）亚历山大·奥斯特瓦德 等　ISBN：978-7-111-54989-5　定价：89.00 元

一本关于商业模式创新的、实用的、启发性的工具书

商业模式新生代（个人篇）：一张画布重塑你的职业生涯

作者：（美国）蒂莫西·克拉克 等　ISBN：978-7-111-38675-9　定价：89.00 元

教你正确认识自我价值，并快速制订出超乎想象的人生规划

商业模式新生代（团队篇）

作者：（美）蒂莫西·克拉克 布鲁斯·黑曾　ISBN：978-7-111-60133-3　定价：89.00 元

认识组织，了解成员，一本书助你成为"变我为我们"的实践者

价值主张设计：如何构建商业模式最重要的环节

作者：（瑞士）亚历山大·奥斯特瓦德 等　ISBN：978-7-111-51799-3　定价：89.00 元

先懂价值主张，再设计商业模式。聚焦核心，才能创造出最优秀的模式

"商业画布"实践强化版
延续全彩印刷,带来别样生动阅读体验

坚不可摧的公司:以卓越商业模式重塑组织

作者:(瑞士)亚历山大·奥斯特瓦德 等　ISBN:978-7-111-72110-9　定价:109.00元

一本集合亚马逊、苹果等全球卓越商业模式的指南
39种拿来即用的样式,助力变革商业模式

测试商业创意:把创意变成伟大的生意

作者:(美)戴维·J.布兰德(瑞士)亚历山大·奥斯特瓦德 等
ISBN:978-7-111-73446-8　定价:109.00元

没有人应该在阅读这本书之前开始创业或创新
一本书快速、系统地测试商业创意,变创意为生意

团队对齐画布:团队协作与项目成功的工具

作者:(瑞士)斯特凡诺·马斯特罗贾科莫 亚历山大·奥斯特瓦德
ISBN:978-7-111-74116-9　定价:109.00元

运用5种简洁清晰的画布式工具,塑造团队一致性,建立相互信任
快速达成高绩效,重拾团队工作的乐趣

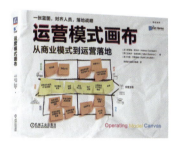

运营模式画布:从商业模式到运营落地

作者:(英)安德鲁·坎贝尔 等　ISBN:978-7-111-76043-6　定价:109.00元

一张蓝图,涵盖"商业模式画布"的后台部分
对齐人员,落地战略,指导变革与转型,向客户传递高价值

商业设计创造组织未来

书号	书名	定价
978-7-111-57906-9	平台革命：改变世界的商业模式	65.00
978-7-111-58979-2	平台时代	49.00
978-7-111-59146-7	回归实体：从传统粗放经营向现代精益经营转型	49.00
978-7-111-54989-5	商业模式新生代（经典重译版）	89.00
978-7-111-51799-3	价值主张设计：如何构建商业模式最重要的环节	85.00
978-7-111-38675-9	商业模式新生代（个人篇）：一张画布重塑你的职业生涯	89.00
978-7-111-38128-0	商业模式的经济解释：深度解构商业模式密码	36.00
978-7-111-53240-8	知识管理如何改变商业模式	40.00
978-7-111-46569-0	透析盈利模式：魏朱商业模式理论延伸	39.00
978-7-111-47929-1	叠加体验：用互联网思维设计商业模式	39.00
978-7-111-55613-8	如何测试商业模式:创业者与管理者在启动精益创业前应该做什么	45.00
978-7-111-58058-4	商业预测：构建企业的未来竞争力	55.00
978-7-111-48032-7	企业转型六项修炼	80.00
978-7-111-47461-6	创新十型	80.00
978-7-111-25445-4	发现商业模式	38.00
978-7-111-30892-8	重构商业模式	36.00